Saving Play
Addressing Standards through Play-Based Learning in Preschool and Kindergarten

拯救幼儿的游戏
如何在游戏中促进儿童的深度学习

[美] 盖伊·格朗兰德（Gaye Gronlund） 著
托马斯·伦登（Thomas Rendon）

苏婧 等 译

中国轻工业出版社

图书在版编目(CIP)数据

拯救幼儿的游戏：如何在游戏中促进儿童的深度学习／(美)盖伊·格朗兰德(Gaye Gronlund),(美)托马斯·伦登(Thomas Rendon)著；苏婧等译. —北京：中国轻工业出版社, 2024.1 (2025.12重印)

ISBN 978-7-5184-4537-0

Ⅰ.①拯… Ⅱ.①盖… ②托… ③苏… Ⅲ.①游戏课-教学研究-学前教育 Ⅳ.①G613.7

中国国家版本馆CIP数据核字(2023)第168013号

版权声明

SAVING PLAY by Gaye Gronlund and Thomas Rendon
Copyright © 2017 by Gaye Gronlund and Thomas Rendon
Published by arrangement with Redleaf Press c/o Nordlyset Literary Agency through Bardon-Chinese Media Agency
Simplified Chinese translation copyright © 2024 by China Light Industry Press Ltd.
ALL RIGHTS RESERVED

保留所有权利。未经中国轻工业出版社书面授权，任何人不得以任何方式（包括但不限于电子、机械、手工或其他尚未被发明或应用的技术手段）复印、拍照、扫描、录音、朗读、存储、发表本书中任何部分或本书全部内容，以及其他附带的所有资料（包括但不限于光盘、音频、视频等）。中国轻工业出版社未授权任何机构提供源自本书内容的电子文件阅览、收听或下载服务。如有此类非法行为，查实必究。

责任编辑：张天怡　　责任终审：张乃柬
策划编辑：吴　红　　责任校对：吴维斌　　责任监印：刘志颖

出版发行：中国轻工业出版社（北京鲁谷东街5号，邮编：100040）
印　　刷：三河市鑫金马印装有限公司
经　　销：各地新华书店
版　　次：2025年12月第1版第3次印刷
开　　本：710×1000　1/16　印张：16.25
字　　数：122千字
书　　号：ISBN 978-7-5184-4537-0　定价：62.00元

读者热线：010-65181109
发行电话：010-85119832　010-85119912
网　　址：http://www.chlip.com.cn　http://www.wqedu.com
电子信箱：1012305542@qq.com

版权所有　侵权必究
如发现图书残缺请拨打读者热线联系调换
252060Y1C103ZYW

译者序 1

让儿童现在快乐，未来幸福

"我应该为儿童主导的游戏留多少时间？我在游戏中起到什么作用、扮演什么角色？我如何确保儿童正在学习那些有助于他们在小学取得成功所需要知道的知识？"这是很多幼儿教师和家长感到困惑的问题。

本书很好地回答了这些问题。两位作者中，托马斯·伦登（Thomas Rendon）的身份是政策制定者，盖伊·格朗兰德（Gaye Gronlund）是一位经验丰富的教育从业者，二位的合作可谓"天作之合"。他们怀着对儿童深切的爱、凭借专业的态度及精神，通过长期研究和实践，发出掷地有声的声音：为了儿童的发展，拯救游戏。他们不仅从多个层面论证了有目的且复杂的游戏对儿童发展的诸多益处，还充分论述了如何开展对儿童发展更有价值的游戏。

首先，本书作者表达了鲜明的儿童立场，即尊重儿童认知特点和发展规律，重视儿童的游戏与发展权利。这表现在：大力提倡教师和管理者营造包容的氛围、欣赏多元文化和多样性，满足儿童的个体需要，尤其是那些有特殊需求或有挑战性行为的儿童，使每名儿童都获得游戏和发展的机会，最终取得成功。

如何守护儿童唯一的童年？童年对一个人来说究竟意味着什么？什么对儿童来说是最有意义和价值的？本书对这些问题给予了专业而笃定的回答。日本著名动漫画作家宫崎骏曾说："童年不是为了长大而存在的，它是为了童年本身、为了体会做儿童时才能体验的事物而存在的……可是曾几何时，童年竟然成了为了长大所做的一种投资。"本书作者旗帜鲜明地为游戏"正名"，为维护儿童游戏的权利奋力地鼓与呼,即游戏于儿童的成长有益,于儿童的身心健康有益,于儿童一生的可持续发展有益。"我们坚信,儿童主导的开放式游戏在儿童的社会情感和认知发展中对其健康与福祉起着至关重要的作用。"同时,再次强调,千万别用短视的方法取代游戏,而将游戏作为实现有意义学习的最有效策略,对儿童来说才是正确的做法。

其次,在自由游戏中,教师到底应该发挥什么样的作用?本书作者对于这一问题的论述充满哲学思辨,在进一步反思和论证游戏的独特意义与价值的同时,重申教师在自由游戏中该如何发挥作用:既不可"放羊",也不能"高控"。这对目前重视游戏开展的广大幼教同人具有重要的借鉴意义,"他山之石,可以攻玉"。就像书中所说:"自由游戏与引导性游戏、儿童主导游戏与教师主导游戏、高水平游戏与低水平游戏……这些分类不是一成不变的。所有游戏都或多或少是自由的、儿童主导的、高水平的。我们需要做的,是培养观察和评估这些游戏的能力。"对儿童主体性的尊重,不是仅仅"静"待花开,专业而负责任的教师一定是"有准备的教师",因为儿童主导的学习经验和教师主导的学习经验同等重要。作为教师,要努力成为悉心的守护者、耐心的观察者以及有力的支持者和科学的引领者,在心态上"静待花开",在能量上有所聚集,在行为上有所准备,在经验上有所储备,在策略及方法上有所突破。

作者在论述过程中摒弃二元论思维,借用美国学者凯尔·斯诺(Kyle Snow,2015)的话来说,就是"以更复杂、更有意义的方式思考教师和儿童的角色、游戏和教学的角色",认为儿童可以通过不止一种方式进行学习,倡导通过探究发现学习,通过游戏享受这一快乐的过程,并实现发展目标。这些观点和做法非常值得我们学习和思考。

最后,本书作者对如何指导儿童游戏给予了清晰的答复,举例如下。

- 在儿童旁边。
- 仔细观察儿童在做什么。
- 听听他们在说什么。
- 做好提供帮助的准备。

同时,本书提供多元视角,针对管理者和教师不同的身份及实践需要进行分析,并从管理和具体实践方面提出建议,更具有针对性,也有利于管理者与教师之间的相互理解与支持。

应该说,本书有很多特点,下面分享本书其中两位译者在翻译过程中的感受。

本书解释了什么是"有准备的教师"。教师通过"计划和反思"进行游戏规划,在游戏中实现发展目标。教师首先要非常熟悉发展指标(标准);其次要能够基于对儿童游戏的了解预设明确、可实现的标准,并提供相应的材料和支持;最后再通过观察儿童的游戏表现判断是否实现了标准,与同伴进行分析和讨论。教师有意识的游戏规划决定了能否将标准成功地融入游戏中。当前教师更多地关注在游戏发生时观察儿童的发展指标,但本书提供了一种新的思路,即提醒教师将想要实现的儿童发展指标适宜地整合到游戏中似乎更为重要。

——李一凡

在翻译过程中,我感觉这本书最突出的特点是,它架起了对幼儿发展的观察与不同类型活动中教师支持策略之间的桥梁。该书一方面通过分析情境,帮助读者在实际教育实践情境中发现、察觉到儿童行为中不同类型学习的发生;另一方面,在观察儿童后,提供了各种类型适宜的教师支持策略,辅以完整的案例,帮助读者在理解儿童的基础上对教师支持有更全面和清晰的认识；对于读者，特别是开展教育实践的一线教师，具有很强的支持性。

——张霞

  本书的前言及第一至三章由苏婧老师翻译，第四至七章由李一凡老师翻译，第八至十一章由张霞老师翻译，第十二至十四章由陈宇华老师翻译。感谢陈宇华老师对全书进行了通稿审读。在倡导"以游戏为基本活动"的今天，奉献给广大幼儿教师这样一本专业图书，相信会带给大家更多思考，更好地指导幼儿园教育实践。

  我国学者周国平先生曾说："做父母的很少有不爱儿童的，但是，怎样才是真爱儿童，却大可商榷。""真爱儿童的人，一定会努力让儿童有一个幸福的童年，以此为儿童一生的幸福奠定基础。""既然爱，就要做到两点，一是让儿童现在快乐，二是让儿童未来幸福。"

  德国作家赫尔曼·黑塞（Hermann Hesse）在《德米安》[①]（*Demian: The Story of Emil Sinclair's Youth*）一书中说："对于每个人而言，真正的职责只有一个：找到自我。在那之中尽情生活，全心全意、不受动摇地生活。"对于教师而言，真正的职责也只有一个，那就是找到与儿童的连接点，在那之中尽情工作，全心全意、不受动摇地为促进儿童的发展而工作。人生是一种修炼，工作是一种修炼，教育过程也是一种修炼。愿每一位教师通过自身的努力和探索以及专业上的精进修炼，实现"让儿童今天快乐、明天幸福"之承诺。

苏婧

---

① 该书的简体中文版已由天津人民出版社于2020年出版。

译者序 2

2022 年，教育部发布了《幼儿园保育教育质量评估指南》（以下简称《评估指南》），其指出：以游戏为基本活动，确保幼儿每天有充分的自主游戏时间。

一线幼儿园在实施自主游戏的过程中遇到了很多困惑，极难解答的困惑之一是如何防止"放羊"和"高控"的两个极端。教师们在组织自主游戏的过程中，很容易走两个极端。部分教师"放羊"，其发挥的作用就是看护好儿童的安全。部分教师频频出手"指导"游戏，但是很多"指导"成为"无效"甚至是"负效"的干预，偏离了自主游戏的基本原则。

《评估指南》中的师幼互动部分 6 次提到"支持"这个词，没有提到"指导"或者"引导"这两个词。那么在儿童的自主游戏中，教师应该如何"支持"才能帮助他们在游戏中获得学习与发展呢？

美国在推行早期学习标准[1]和《州共同核心课程标准》[2]（Common Core State Standards，CCSS）的时候，学前教育领域曾出现过一场类似的争论：部分实践者认为，游戏和标准是对立的，如果要实现标准，就必须通过教师主导的课程，儿童则成为被动的接受者；另一部分实践者认为，儿童在游戏过程中不需要教师的支持，就能够自然而然地达到标准。

面对这场争论，本书作者旗帜鲜明地亮出了自己的观点：游戏

---

[1] 该标准针对的是美国的幼儿园，相当于我国幼儿园中的小班和大班。

[2] 即美国 K—12 课程标准。K—12 是 kindergarten through twelfth grade 的简称，指学前班到 12 年级的教育。在本书中，该标准主要针对的是美国小学中的学前班，相当于我国的幼儿园大班。

和标准不是矛盾的,而是相辅相成的。作者相信,在教师的有效支持下,儿童在自主游戏中是可以获得五大领域的学习与发展的。

在本书的第三部分,作者针对学习品质、语言和读写、数学、科学、社会研究、身体和动作以及社会情感领域的核心发展目标,为一线教师提供了丰富的且可以直接上手操作的教学策略。

针对每个领域的核心发展目标,作者从游戏区设计、材料投放以及师幼互动等核心环节提出了基于实践的教学策略,支持一线教师看到有效的教学策略和发展目标之间的关联。在阐述策略时,作者通过提供丰富、具体的实例帮助一线教师理解和应用这些策略。在每章的结尾,作者还通过一个课程故事讲述教师在规划游戏时如何整合各大领域的发展目标。

本书的最后部分具体阐述了:教师如何在自主游戏中有效地评估儿童的发展。作者提出了四种评估方式:基于行动的观察评估、档案记录、检核表和简要叙述,并对这四种方式的实操方法做了详细论述。

一线教师如果能够积极地借鉴本书的观点和教学策略,并结合本园的实际情况加以运用,就会对提升本园的教学水平以及教师专业能力大有裨益。

陈宇华

前　言

游戏与标准共存

儿童游戏正受到挑战。对儿童来说，由儿童主导的开放式游戏活动正变得越来越少。无论是在社区、家庭还是在诸多幼儿园①中，都能看到这种现象。当你开车经过许多社区的游乐场时，很少会看到儿童在那里玩耍。可爱的攀爬架和秋千都空荡荡的，看起来毫无生气，一片冷清。但经过繁忙的购物区、机场或其他公共场所时，你可以看看，有多少儿童被电子设备吸引，而不是与家人进行对话或谈笑。在拜访朋友或家人时，你可以看看儿童是如何被动地坐在电视或计算机屏幕前的，他们的目光往往显得有些呆滞。你会听到忧心忡忡的父母描述，出于安全考虑，他们根本无法让儿童在无人看管的情况下到户外奔跑、跳跃和玩耍。或者，你也会听到有人说自己太忙了，没有时间看护儿童，让他们到户外游戏。你还会看到游戏的商业化，看看玩具公司怎样宣传与最新的动画电影或卡通节目相关的产品。这些产品不会激发儿童的创造力，而仅仅是在鼓励模仿，只能提供有限的参与机会。还有一些玩具被宣传为能够有效促进儿童的智力发展，例如，帮助儿童认识字母或学会相应字母的发音，但从不会以发展批判性思维、想象力或问题解决能力为重点。

在学前教育领域，一场关于游戏的争论正在上演。一方面，以大量研究为基础的、认真且真诚的教育者们认为，他们必须知道儿童需要学习什么，并有循证教学实践来指导儿童，以便为儿童未来

---

① preschool 常被译为"幼儿园"，在美国属于幼儿园体系，相当于中国幼儿园体系中的小班和中班；kindergarten 常被译为"学前班"，在美国属于小学体系，相当于中国幼儿园体系中的大班。——译者注

在后续的学业中取得成功打下坚实的基础。早期学习标准与《州共同核心课程标准》成为幼儿园和学前班的重点。游戏没有被当作应对这些标准的可行策略。另一方面，是一群同样认真且真诚的教育者，他们相信，儿童通过自己的探索、由兴趣驱动、在关心他们的成年人的培育下，才会学得最好。让标准在游戏中自然而然地发生，几乎是偶然。虽然双方都有自己的观点，但我们担心，游戏会成为这场较量中的牺牲品。这两种观点都不能帮助教育工作者将儿童游戏作为一种课程策略，作为一种可以让真正的深度学习发生的最丰富且最有用的情境。

为了更多地强调学习，一些教育工作者用我们认为短视的方法取代了游戏，这些方法未能通过发展适宜性的测试。这些方法要求儿童花更长的时间坐下来倾听，用纸和笔产出成果，而不是通过动手创作。后者能使他们更积极地参与和学习新技能、新概念。我们也担心，那些倡导游戏的人没有充分解决"如何在学前教育机构里强化学习"这一问题。他们忽略了设定明确目标和实现这些目标并取得进展的重要任务。这两者都是教师赋予教学目的和方向的基本要素。本书试图调和这些立场，使游戏恢复到它应有的角色中，让游戏不仅对儿童来说十分有趣，还为他们提供学习的机会。

今时今日，幼儿园和学前班中的游戏

在大多数学前班儿童的生活中，游戏几乎已被完全去除（Rich，2015）。学前班教师在达到标准和提高学生学业成绩等方面承受着巨大的压力。他们认为，如果要达到这些目标，就必须开展教师主导的课程，让儿童作为被动的学习者坐在那里倾听，最好通过班级教学和使用纸笔的作业任务来促进儿童技能和学业学习的发展。游戏时间对儿童的好处在学业学习上并不重要。近几年，即使是课间休息时间也在大幅缩短，理由是其占用了儿童重要的学习时间。

很多幼儿园教师也感受到限制儿童游戏的压力。他们也被要求达到标准，让儿童为适应学前班更加严格的期望做好准备。家长、社区成员、管理人员和政策制定者对幼儿园中的游戏时间能否真正帮助儿童实现学业目标存在质疑。和学前班教师一样，幼儿园教师经常会感到矛盾，他们会问自己一些问题，例如："我应该为儿童主导的游戏留多少时间？我在游戏中起到什么作用、扮演什么角色？我如何确保儿童正在学习那些有助于他们在小学取得成功所需要知道的知识？"

我们对游戏的热情

我们坚信，儿童主导的开放式游戏在儿童的社会情感和认知发展中对其健康与福祉起着至关重要的作用。几十年来，我们一直致力于早期教育领域，在为从出生至8岁儿童提供服务的机构中倡导最佳实践。毫无疑问，我们认为儿童早期的最佳实践必须包括游戏！然而，我们仍然看到游戏正在受到来自各个方面的威胁。在幼儿园和学前班中，为了加强儿童的学业技能和概念的学习，游戏时间在儿童一天中所占的比例越来越小，变得越来越少。这种做法剥夺了儿童以自身为导向的基本的体验，也忽视了儿童游戏时的学习价值。

本书解决的两个关键问题如下。

1. 在幼儿园和学前班中，儿童主导的开放式游戏活动能否达到早期学习标准与《州共同核心课程标准》？

2. 游戏是否可以被用来实现儿童在所有发展领域的特定目标和目的？

我们对这两个问题的回应是肯定的！我们坚信，教师不必为了儿童的学业成绩而牺牲他们的游戏。我们也认识到，以有助于学习的、有意义的方式将游戏与学习融合，并不像看起来的那么简单。我们认为，许多教师都面临着错误的二分法：游戏与学业学习，或游戏与标准。我们知道，游戏、学业学习和标准可以相辅相成！我们真诚地希望，本书能激励大家保持对儿童游戏的热情，并在专业环境中倡导游戏。

我 们 是 谁

我们对游戏和标准有着不同的看法，因为我们在学前教育领域担任不同的角色。以下是关于我们的更多信息。

托马斯·伦登是一位政策制定者。作为美国艾奥瓦州教育部与艾奥瓦州"开端计划"（Head Start）合作办公室的协调员，他推动政策和伙伴关系，以鼓励学前教育课程与评估方面的最佳实践。作为该领域公认的领导者，他曾在全美幼教协会（National Association for the Education of Young Children，NAEYC）的理事会以及州和地方一级的众多幼儿委员会和理事会任职。他还是艾奥瓦州幼教协会游戏委员会的成员，该委员会致力于支持该州学前教育机构中的游戏，他们会根据美国游戏专家沃尔特·德鲁（Walter Drew）博士的研究，通过专业发展课程，帮助学前教育专业人士理解并接受以游戏为基础的学习。

盖伊·格朗兰德是一位经验丰富的教育从业者。她是一名幼儿教育顾问和作家，曾在幼儿园教授过常规的及特殊的教育课程。她的写作和专业发展课程内容侧重于以游戏为基础、观察评估以及早期学习标准。她因强调为儿童带来最佳实践的实用建议而著名，致力于帮助教师做真正对儿童最好的事情。

在本书中，我们将从各自不同的专业角度出发进行讨论，并邀请读者与我们一起思考，如何在幼儿园和学前班中充分接纳游戏的不同方面。第一、二、四部分开始于我们对政策制定和教学过程中一些争议性问题的思考。通过关注这两个方面的问题，我们希望为包括行政人员、政策制定者以及教师在内的多元化读者提供建议与支持。

你将在本书中发现什么

在本书写作之初，我们阅读了美国斯图尔特·布朗（Stuart Brown）的重要著作《我们为什么要玩：玩是如何重塑大脑、激发想象力和改变自我的》①（*Play: How It Shapes the Brain, Opens the Imagination, and Invigorates the Soul*），他在书中从医生的角度探讨了这个话题（2009）。其中，布朗分享了《美国游戏杂志》（*American Journal of Play*）的编辑斯科特·埃伯利（Scott Eberle）的突破性研究以及他提出的游戏循环中的以下六个步骤（后来于2014年发表）。

- 预期——期望、惊奇、好奇、焦虑、不确定性、冒险
- 惊喜——发现、新感觉或新想法、新观点
- 愉悦——令人感觉愉快
- 理解——新知识与新想法的应用
- 力量——赋能、自信、新技能
- 沉稳——优雅、满足、沉着和平衡感（再次为新的预期做好准备）

我们根据埃伯利的模型，将本书分为四个部分。

---

① 该书的简体中文版已由重庆大学出版社于2022年出版。——译者注

第一部分：预期

在第一章和第二章中，我们围绕游戏及其定义提出问题，并阐释游戏实际上会对培育健康的大脑有所益处。我们展示了儿童主导的开放式游戏活动的价值，以及教师的支持对促进这种游戏的重要性。在第三章中，我们将探讨幼儿园的早期学习标准和学前班的《州共同核心课程标准》的目标、设计和实施，并对相关的事实及误解进行讨论。

第二部分：惊喜和愉悦

在第四章中，我们会阐述，清晰地理解游戏和标准如何为教学带来新的视角，并为儿童、教师和管理人员带来满足、享受及快乐的体验。因此，将游戏和标准联系起来变成一种有趣且更有意义的教学方式。

在第五章中，我们会探讨怎样才能确保游戏成为所有儿童班级活动的一部分，包括具有不同能力、文化、语言背景或其他个体差异的儿童。

第三部分：理解和力量

真正的理解，是指接纳想法并将其应用在现实世界里的各种环境和情境中。在第六章至第十二章中，我们通过深入地阐释七个领域的游戏活动来提出应对标准问题的具体建议和示例。

第四部分：沉稳

在最后两章中，我们希望读者充满信心，在有效反思与评估实践中重新投入游戏。在第十三章中，我们将探讨把游戏和标准联系起来会如何影响评估。在第十四章中，我们提供了倡导策略：在问责制、学校改革和学业压力下移的背景下，如何促进儿童的游戏和改善课程标准。

注重实用性与可行性

本书的目的是帮助幼儿教育专业人士,让他们在努力维护课程中的游戏时感觉自己受到了支持。我们的目标受众,是在各种类型的学前教育机构中为儿童努力工作的人。我们认识到,学前教育领域有许多专业角色,包括家庭托儿服务提供者、教育家、教师、辅助专业人员、教务主任、行政人员、园长和政策制定者,等等。为了保持一致性,我们将使用术语"教师"和"管理者"来描述幼儿教育专业人士。

我们坚信,将游戏作为实现有意义学习的最有效策略,对儿童来说是正确的做法。当教师、管理者和儿童同步时,学前教育机构对所有人来说都会是一个快乐的地方。我们真诚地相信,人人都将为此而受益!

目 录

第一部分 预期

第一章　儿童主导的开放式游戏活动的价值　// 3
　　每个人都需要游戏　// 4
　　支持游戏　// 5
　　定义游戏　// 6
　　游戏的益处　// 10
　　总结　// 14

第二章　儿童主导游戏中教师参与的重要性　// 17
　　自由游戏与计划游戏　// 18
　　充足的游戏时间　// 20
　　游戏化学习　// 20
　　如何最好地支持和促进游戏　// 22
　　思考对环境的改变　// 26
　　与儿童互动以支持和促进游戏　// 29
　　总结　// 37

第三章　为什么需要标准——关于标准的事实和误解　// 41
　　儿童应该得到什么　// 42
　　什么是标准　// 43
　　关于标准的问题　// 46
　　把标准作为目标　// 48
　　早期学习标准中的游戏　// 51

《州共同核心课程标准》与游戏　　// 53
总结　　// 55

第二部分　惊喜和愉悦

第四章　教师如何通过儿童游戏达到标准　　// 59
直接教学与游戏　　// 60
在游戏中解决标准问题　　// 65
总结　　// 74

第五章　让游戏成为所有儿童班级活动的一部分　　// 77
全纳所有儿童　　// 78
总结　　// 91

第三部分　理解和力量

第六章　在游戏中达到学习品质标准　　// 99
幼儿园里的游戏故事：学习成为学习者　　// 109

第七章　在游戏中达到语言和读写标准　　// 113
读写萌发与游戏　　// 114
学前班里的游戏故事：班级邮局　　// 123

第八章　在游戏中达到数学标准　　// 125
幼儿园里的游戏故事：排队中的数学　　// 134

第九章　在游戏中达到科学标准　　// 137
学前班里的游戏故事　　// 146

第十章　在游戏中达到社会研究标准　// 149
　　　　幼儿园里的游戏故事：自助洗衣店项目　// 162

第十一章　在游戏中达到身体和动作发展标准　// 165
　　　　幼儿园里的游戏故事：让儿童运动起来　// 177

第十二章　在游戏中达到社会情感发展标准　// 181
　　　　学前班里的游戏故事：应对挑战性行为　// 194

第四部分　沉稳

第十三章　评估儿童在游戏中向标准进步的重要性　// 199
　　　　游戏中的反思、观察和评估　// 200
　　　　真实性评估　// 201
　　　　观察和反思　// 203
　　　　评估的注意事项　// 208
　　　　学前班里的邮局　// 209
　　　　向家长汇报　// 211
　　　　总结　// 220

第十四章　拯救游戏于幼儿园和学前班中——进行有效倡导的策略　// 223
　　　　应对游戏所面临的挑战　// 228
　　　　总结　// 232

附录　// 233
参考文献　// 239

第一部分

预　　期

本书的前三章来源于斯科特·埃伯利的游戏循环的第一步：预期。埃伯利（2014）认为，这一阶段包括以下三个要素。
- 期望
- 惊奇
- 好奇

我们应该都曾注意到，当成年人或其他儿童介绍新的玩具、材料或游戏时，儿童都会表现出喜爱与兴奋之情。当期待摆弄新事物或与新伙伴玩耍时，他们会表现出兴奋感、兴趣和好奇心。我们希望，儿童的这种快乐可以激励你的好奇心，促使你想了解本书在探讨游戏和标准的过程中能提供些什么。我们希望，你会喜欢我们提供的想法。我们的目的是为你提供信息、支持和策略，以使儿童学习的最佳方式与标准定义的期望相结合。

埃伯利在对预期的描述中，还提到了以下元素。
- 焦虑
- 不确定性
- 冒险

在尝试新事物时，大多数人都会感到有些不适。他们在熟悉的事物之外，必须适应新的思维方式或新的做事方式。我们希望，本书中的不确定性能够具有适当的难度，以便作为幼儿教育专业人士的你，能够思考这些问题，并在自己的课程中找到解决方法。

　　第一章将探讨游戏的定义以及儿童主导的开放式游戏活动的价值；第二章将仔细地探究教师在这种游戏中的作用；第三章将深入研究早期学习标准和《州共同核心课程标准》，明确这些标准，思考一些关于它们的误解，并开始将它们与儿童主导的开放式游戏相结合。

第一章
儿童主导的开放式游戏活动的价值

争议性问题：什么是游戏？

托马斯·伦登：管理者的角度

当我在全美幼教协会的理事会任职时，我认为定义游戏是困难的。多年来，理事会和协会一直在努力制定关于游戏的立场声明，理事会中的一些人甚至对其缓慢进展感到有些不耐烦。制定立场声明的原因，与本书的目的相似：将游戏视为儿童成长和发展的关键有利条件。其中一位工作人员向我们展示了一份声明的草案，并表示因为无法就游戏的定义达成共识，所以声明的撰写被延误了。他们必须先有一个关于游戏的定义，然后才能展开讨论。事实证明，这比任何人预期的都要困难。

盖伊·格朗兰德：教师的角度

在作为幼儿园和学前班教师以及幼儿教育顾问的工作中，我看到了许多种游戏。我相信，其中一些游戏活动比其他游戏活动更有益于儿童。在定义游戏时，我认为我们必须认识到游戏的不同类型，然后才可以帮助教师为开展有益的游戏做好准备，为其提供便利，并为这些有益的游戏活动制定适宜的学习目标及相关标准。

每个人都需要游戏

游戏是普遍存在的。无论文化背景、年龄如何,世界各地的每个人都会游戏。它不仅仅是人类的活动,也是动物的活动。游戏是一种自然的存在状态,会为生活增添某种趣味。在严肃的工作中,成年人可能会停下来开玩笑、装傻、涂鸦或将一张揉得皱巴巴的纸扔进垃圾桶。青少年则以"爱偷懒"而闻名,他们会和朋友们一起出去放松,从学校和体育活动或其他活动的压力中解脱,在面对成长中的艰巨挑战时哈哈一笑、表现出孩子气。小学阶段的儿童会自发地在操场上或社区里组织游戏,争论规则并喜欢在投掷、接球或追逐中展现他们的技能。从7岁到8岁,一直到十几岁,儿童在纸牌游戏和棋盘游戏中制定策略,或者在电子游戏中相互挑战。

儿童在童年早期都喜欢游戏。婴儿会觉得自己的脚趾是迷人的玩具。学步儿用木勺敲打锅碗,喜欢听噪声,模仿他们深爱的人做饭的样子。幼儿园儿童会戴上帽子、系上斗篷、穿上靴子,没有其他目的,只为了扮演一个不同于自己的人。学前班儿童可以根据自己记忆中的对称图案,拼搭出复杂的积木结构。幼儿园或学前班的儿童也会在游戏时,有一些更为严肃的目标。例如,当一个小女孩在记忆游戏中匹配图卡时,她会使用视觉辨别能力分析每张图卡,并利用记忆力找到相匹配的对象。如果她在和另一个儿童或成年人一起玩,她就可能和别人谈论图卡上的动物或形状,并增加自己的口语词汇量。

人们不需要被指导该如何做这样的事情。对成年人来说,游戏是一种自然的方式,可以改变他们当前的心理活动,从日常琐碎、乏味的工作中解脱,让生活变得更加愉快。游戏也是儿童探索和研究世界的一种自然方式,他们可以领悟大自然的神奇和事物的运作方式,体验扮演的乐趣,感受无限的想象力,并使用自己的肌肉、感官和大脑。

支 持 游 戏

许多人都非常重视游戏。1990年，世界上几乎所有国家都认可了（不幸的是，美国没有）联合国《儿童权利公约》（Convention on the Rights of the Child），其中第31条内容如下。

> 缔约国确认儿童有权享有休息和闲暇，从事与儿童年龄相宜的游戏和娱乐活动，以及自由参加文化生活和艺术活动。

这是一个极具影响力的声明。任何国家都不能制定法律或实施政策，剥夺儿童的游戏权。

全美幼教协会关于"发展适宜性实践"的立场声明中的一个关键原则是：

> 游戏是儿童发展自我调节能力的重要工具，也是促进儿童语言、认知和社会能力发展的重要工具。（Copple & Bredekamp, 2009, p. 14）

事实上，"游戏"一词在这份32页的声明中出现了38次。全美幼教协会和美国特殊儿童委员会早期教育分会（Division for Early Childhood of the Council for Exceptional Children）还在其他立场声明中表达了游戏的重要性。

许多关注年幼儿童的组织也认识到游戏的重要性，因为游戏能给儿童带来太多益处。这就是我们必须非常认真地对待儿童游戏所面对的威胁的原因。我们必须要保护游戏。

定 义 游 戏

定义游戏并不是一项简单的任务。定义需要达到合适的平衡，不可太宽泛抑或太狭隘。认为儿童做的任何事情都是好玩的、重要的，就太过宽泛。将游戏视作微不足道的事情，或觉得游戏仅仅是被用来分散人们做重要事情时的注意力，又太狭隘。本书对游戏的定义，包括对儿童发展有益的可观察到的游戏特征。我们会探讨，是否所有游戏都具有同等价值，确定不同类型的游戏及其对儿童学习的作用。本书虽然展示了多种游戏特征和类型，但重点仍是儿童主导的开放式游戏。

当你在《韦氏大学英语词典》[①]（Merriam-Webster's Collegiate Dictionary）中查找"游戏"的定义时，必须找到其中的第三个定义，它与本书内容密切相关。

游戏："娱乐性活动；尤其是儿童的自发性活动。"

在这个定义中，"自发性""娱乐性"和"活动"这三个词非常重要。

自发性：游戏不是分配的任务。它通常是从游戏者计划外的体验开始的。发生的事情是即兴的和未经排练的。

娱乐性：游戏与创造和再创造相关，也与娱乐和消遣有关。它不仅与创造事物或做某件事有关，也与放松和享受有关。

活动：活动至关重要。当游戏进行时，会有许多事情发生。

游戏强调乐趣和实验，因此可以促进"成长型思维"（growth mindset）的发展。2006 年，美国心理学家卡罗尔·德韦克（Carol

---

[①] 该书的简体中文版已由中国大百科全书出版社于 2014 年出版。——译者注

Dweck）有力地证明了成长型思维的价值要高于固定型思维。① 成长型思维模式，认为个人能力可以随时改进，而固定型思维模式则认为个人能力是固化的、不可改变的。德韦克认为，一个人只有拥有成长型思维，才能超越自己或者他人（同龄人或教师）认为他能够做到的事情。德韦克的大量研究表明，一个人具备成长型思维还是固定型思维，是对其未来成功与否的有力预测因素。当游戏成为一种低风险实验的途径时，儿童的能力必然会增长。儿童不一定非要通过高风险的"成功/失败考验"来完成事情，通过游戏也可以。此外，游戏还能让儿童偏向于实践和行动，而实践和行动将教会他们每个人做很多事情。

游戏的属性

我们认为，赋予游戏一个包罗万象的定义是有局限性的。游戏是复杂且难以定义的，因为人类的太多行为都可以被称为游戏。我们希望鼓励幼儿教育工作者成为游戏现象的观察者和探究者。在观察游戏时，我们鼓励成年人这样问自己：这种游戏活动对儿童的思维、感觉和行为有什么影响？

斯图尔特·布朗（2009）在《我们为什么要玩：玩是如何重塑大脑、激发想象力和改变自我的》一书中没有对游戏做出明确的定义。相反，他描述了七个使游戏不同于其他类型的人类活动或体验的属性。

- 游戏显然是无目的的（为了游戏而游戏，而不是为了生存或实现实用的价值）。

---

① 卡罗尔·德韦克与团队对人类思维模式进行了长达数十年的研究，在 2006 年将自己对这一课题的研究成果归纳整理，撰写了《终身成长：重新定义成功的思维模式》（*Mindset: The New Psychology of Success*）一书，提出思维模式理论。——译者注

- 游戏是自愿的（不是必需的）。
- 游戏具有内在的吸引力（它很有趣，能让人感觉良好）。
- 游戏会让人忘却时间（当我们完全投入时，会难以察觉时间的流逝）。
- 游戏会令人产生"忘我"的感觉（我们停止思考自己看起来是好是坏，完全沉浸在当下）。
- 游戏令人有即兴发挥的潜力（我们不会拘泥于死板的做事方式，而是会以不同的方式看待事物）。
- 游戏让人有一种持续的欲望（游戏中的乐趣促使我们想办法让它继续下去，或者想再做一次）。（Brown，2009，pp. 17–18）

以下是一个游戏活动示例，体现了以上多种属性在实践中的作用。

> 两个5岁的女孩决定玩有关学校的角色扮演游戏。她们把储物箱翻过来，称它们为桌子，把椅子、纸张和书籍放到桌子上。她们分别从小柜子里取出自己的书包，并拿出各种学习用品。准备好所有材料后，她们静静地坐着，打开书本，翻动书页。她们用铅笔在纸上乱涂乱画。某个时候，其中一个女孩看着另一个女孩说："该课间休息了！"她们离开桌子，一起在屋子里跑来跑去，咯咯地笑着。然后，她们又回到了自己的桌子前。另一个女孩说："该吃午饭了！"她们便假装拿出饭盒，一起吃东西。这个扮演游戏持续了20分钟。

在这个游戏情景中，你看到了游戏的哪些属性？

将游戏定义为儿童主导的开放式活动

我们将游戏定义为儿童主导的开放式活动。这样的游戏拥有前文提到的七个属性。高水平的游戏会激发儿童进行更为深入和复杂的学习。

- 儿童主导这一特点显然决定了游戏的无目的性、趣味性、自我延续性以及最为显著的自愿性。
- 开放式这一特点鼓励即兴创作和创造力,让参与者可以全情投入,忘却时间的存在。

我们认为,这就是真正的游戏。儿童主导这一特点提醒教师:**游戏应源于儿童想做的事情,而不仅仅是教师想让儿童做的事情。**教师如果参与其中,就要作为被邀请者、"啦啦队长"和支持者。开放式这一特点鼓励教师选择能够赋予儿童更多操作可能性的材料和游戏机会。具有各种技能和不同理解能力的儿童,在参与开放式游戏活动时,可以通过多种方式取得成功。虽然无序、简单的游戏也具有儿童主导和开放式的特点,但是在这样的游戏中,儿童的专注时间一般会比较短。

有目的的"显然无目的"

一些读者可能对"游戏显然无目的"这一观点感到困扰。我们知道,我们一直都鼓励教师要知道他们所做的一切的原因。外界的压力和期望认为,课堂时间如此珍贵,不应该做任何没有"学习目的"的事情。请记住,布朗(2009)曾说,游戏显然是没有目的性的。换句话说,儿童玩游戏可能纯粹是为了好玩,但他无法阻止玩游戏时学习的发生。本书所描述的是,教师应当如何观察和理解游戏,即使儿童没有意识到自己的学习目的,教师也要能看到学习目的。无论是在游戏中还是在后期的反思中,游戏的"无目的"

在于提醒大家对可能出现的各种目的持开放的态度,举例如下。

> 一名儿童可能会在积木塔顶上放一辆玩具卡车。卡车掉下来,摔在地上。这引导儿童去弄清楚,可以通过添加哪些积木来防止卡车从塔上摔下来。他可能会做一个坡道,也可能开始在地板上推卡车,还可能不管卡车了,继续建造塔楼。儿童在跟随自己的倾向行动。所有的选项都是可能的,这些都会引发更多的游戏。是什么决定了儿童选择哪个选项?注意,这一切似乎都是漫无目的且偶然发生的。然而,这其实有一个目的。

游戏的益处

学前教育研究者以及其他领域的专业人士都已经认识到,有目的且复杂的游戏对儿童发展的诸多益处。已有研究和立场声明将高水平的游戏与认知学习、学业成就、身体健康、社会情感发展以及学习品质的获得联系起来。在《以儿童为中心的个性化课程:一种差异化的方法》(*Individualized Child-Focused Curriculum: A Differentiated Approach*,Gronlund,2016)一书中,作者盖伊分享了以下被不同专业人士认可的游戏的益处。

- 儿童在学龄前阶段参与儿童主导的有益的游戏,与其在小学阶段取得更好的学业成绩有关(Copple & Bredekamp,2009)。
- 身心健康专家主张增加儿童的游戏机会,并发出警告:如果儿童更多地久坐不动,或者幼儿园或学前班变得不那么好玩,就会产生可怕的后果(Ginsburg,2007;Miller & Almon,2009)。

以下是另外一些关于游戏益处的研究。
- 游戏对认知发展、语言和读写能力、社交技能和情感表达能力有着积极的影响（Rogers & Sawyers，1988）。
- 游戏和自我调节能力之间存在着很强的关联性（Elias & Berk，2002）。
- 高功能游戏（high-functioning play）与亲社会行为、学习动机、任务持久性和自主性有很强的关联性（Fantuzzo & McWayne，2002）。
- 游戏与基本读写技能和创造性解决问题的能力之间存在联系（Zigler，Singer，& Bishop-Josef，2004）。
- 美国研究者埃琳娜·博德罗瓦和德博拉·梁（Elena Bodrova & Deborah Leong，2003）提出了"成熟游戏"的具体特征，即想象的情境、多重的角色、明确定义的规则、灵活的主题、大量的语言使用以及精心设计的较长的游戏时间。他们发现，这样的游戏可以有效提高儿童的读写能力，增强儿童的执行功能（也见Diamond et al.，2007）。

斯图尔特·布朗（2009）将这些已确定的益处总结为两类：对大脑的影响和对生活的预演。下面，让我们更加深入地了解这两个类别。

对大脑的影响

当大脑非常年轻时，每一次经历都是触发大脑突触连接的机会。在过去的50年中，与大脑发育相关的科学研究表明，经验的质量直接决定了连接的性质。这些连接的数量和复杂性塑造了大脑。当儿童的大脑参与高水平的游戏时，他们会受到刺激，以更为健康的方式成长和发展（Brown，2009）。

当儿童参与有目的的、丰富的游戏活动时，他们的神经连接会变得更牢固、更丰富。有研究表明，身体游戏可以刺激大脑前额皮质和杏仁核的神经生长。皮质紧邻前额，在制订计划、个性表达、决策和社会行为养成中都起到重要作用，它是执行功能的核心，被称为"大脑的控制塔"。随着儿童深入参与有意义的游戏，他们也正在发展自己的执行功能。美国研究者埃伦·加林斯基（Ellen Galinsky）这样描述执行功能，"我们用打闹功能管理自己的注意力、情绪和行为以努力实现目标……执行功能几乎和智商测试一样可以预测儿童的成功"（Galinsky，2012，p. 14）。

同时，杏仁核在处理记忆、情绪反应，以及像前额皮质一样在做出决策方面发挥着主要作用（Pessoa，2013）。大脑中这些不同部分的功能，即记忆和情绪反应都是做决策时所必需的，这是不是很有趣？美国研究者戈尔曼、博亚兹和麦基（Goleman, Boyatzis, & McKee，2013）在著作《情商4：决定你人生高度的领导情商》[①]（*Primal Leadership: Learning to Lead with Emotional Intelligence*）中写道，在大脑前额皮质和杏仁核之间建立连接，才能发展真正的情商。游戏，便可以同时锻炼大脑的这两个部分。

游戏可以刺激大脑发育。即使对低等灵长类动物来说，也是如此，而它们大脑的可塑性远低于人类。游戏对大脑的所有部分都有好处，不仅仅是那些让人变得聪明的部分，还有那些让人记住过去的经历、控制冲动和感到快乐的部分。

对生活的预演

布朗提出的游戏的第二类好处，与游戏能够预演生活的功能有关。通过游戏，我们可以在现实生活中真正做某事之前假装去做这

---

① 该书的简体中文版已由中信出版社于2018年出版。——译者注

件事，这有助于我们在生活中更加成功。进化生物学家说，游戏可以帮助我们生存（Wenner，2009）。一些研究山羊的动物学家注意到，小山羊（幼崽）会在非常陡峭的悬崖边缘玩打闹游戏（Brown，2009）。这样的游戏确实十分危险，因为小山羊可能因为失足而摔死。小山羊们玩得很开心，但也在练习当试图逃脱郊狼或山狮追捕时所需要的稳健步伐。好玩，是的，但也是生死攸关的大事。

对人类来说，游戏可以成为一种想象未来的方式。儿童扮演妈妈和爸爸，照顾婴儿，准备饭菜，去上班。他们练习成年人的角色，如消防员、收银员和教师。他们喜欢玩超级英雄游戏，以此假装自己强大、无所畏惧并且很有影响力。这种游戏可以帮助儿童说出"我很重要"，并当他们在成年人的世界中感到脆弱、害怕和被忽视的时候出现。在游戏中扮演自己所不是的角色，是儿童成为自己想成为的样子的一种方式。

通过角色扮演游戏，儿童可以更好地处理和面对生活中的恐惧与创伤。游戏提供了一个安全的地方，让儿童表达强烈的感情，重温可怕的时刻，并获得某种解决方案。

游戏，也是儿童了解世界如何运作的一种方式。观察一名儿童在感官桌上专心游戏，你可能会看到他被小耙子耙过沙子时所产生的图案迷住，或者被从滴管中挤出的一滴水击中水面时所产生的效果吸引……这种探索有助于儿童的好奇心在实验中绽放。儿童是天生的科学家。

> 儿童天生就是好奇的。他们探索、提问和思考，并通过这种方式学习……对太多的儿童来说，好奇心会逐渐消退。好奇心减弱，意味着这些儿童未来可能会失去很多发展的机会。我们的潜能——情感、社会性和认知——都是通过经验的数量和质量来达成的。不那么好奇的儿童，可能会结交更少的新朋友，加入更少的社交团体，阅读更少的书，进行更少的远足。不那

么好奇的儿童可能更难教，因为他们更难被激励或被点燃热情。（Perry，2001，p. 1）

作为对生活的预演，游戏让儿童有机会将他们现有的知识和技能付诸实践。游戏为他们在新情况中以新方式应用知识或反复练习关键技能——在横梁上保持平衡，或是写一个人的名字——打开了无限可能的大门。

幼儿园和学前班的孩子们正在"学习成为学习者"。他们学习得越好，在K—12的学习生涯中就会越成功。他们正在"排练预演"自己作为小学生、中学生和大学生的生活。越来越多的研究表明，儿童在学前教育中学习品质的发展与其后来的学业成就之间存在着关联。

总　　结

很难用一个短语或句子说明游戏的复杂性。了解游戏的属性并考虑游戏的诸多好处，有助于展现游戏在人类发展中的重要性。第二章会探讨教师参与游戏的重要性，以及成年人在游戏中可以扮演的诸多角色。

教师实施建议：开放式游戏的价值

回想你观察儿童游戏的一次经历，思考以下几个问题。
- 对于前文提及的七个属性，哪些在游戏过程中比较明显？
- 儿童玩游戏，纯粹是为了体验乐趣，而不是为了更明确的目的，是吗？
- 游戏是儿童自主选择的吗？

- 儿童在游戏中全情投入了吗?
- 游戏持续的时间长吗?
- 教师可以做哪些事情，以支持儿童的游戏?

管理者实施建议：开放式游戏的价值

花些时间与同事讨论游戏，询问他们以下几个问题。

- 你记得自己小时候玩过哪些游戏吗？你参加了哪些类型的活动？你觉得，你在游戏过程中学到了什么？
- 你如何定义游戏？
- 在日程表中，你每天会安排多少时间进行儿童主导的室内开放式游戏？
- 你认为，儿童有机会进行游戏会带来哪些好处？

第二章
儿童主导游戏中教师参与的重要性

争议性问题：如果儿童游戏中有了教师参与，那么游戏仍然是儿童主导且开放的吗？

托马斯·伦登：管理者的角度

我希望这个问题的答案是"是"，但我听到了管理者们的担忧。他们想知道，是否可以确定这些在实施儿童主导的开放式游戏的教师，正在达到标准、关注学习并对儿童的进步负责。我认为，教师参与这种类型的游戏，其目标必须明确，过程必须可观察。这样管理者才能确认教师的意图，并确信儿童正在进行学习。

盖伊·格朗兰德：教师的角度

我认为这个问题的答案是"是"，但我也认识到，关于教师参与游戏的方式，需要更多的研究与调查。为使儿童游戏真正成为儿童主导的开放式游戏，教师不得指定游戏或使其完全由教师主导。那么接下来的问题是：什么是教师计划、支持和促进儿童游戏的最佳方式呢？

自由游戏与计划游戏

随着时间的推移，许多幼儿园教师将日常安排中的一段时间定为"自由游戏时间"。在此期间，儿童有机会从各种活动中选择自己的游戏。通常，他们可以从以下活动中进行选择。

- 在指定区域内搭积木。
- 在游戏屋或厨房进行戏剧游戏。
- 完成拼图，或探索架子和箱子中可被拉出使用的各种操作材料。
- 在图书区看书。
- 用放大镜和其他科学工具探索自然物。
- 在书写区用各种工具和纸张假装书写，或练习写出他们知道的字母。
- 在感官桌上玩沙子或水；探索测量、倾倒和操作的方法。
- 使用各种艺术材料进行创作。
- 探索各种乐器，听着光盘中的乐曲跳舞。

在此期间，教师允许儿童自由选择他们将在哪里玩耍、玩多长时间以及和谁一起玩。然而，为了提供这些选择，教师必须预先安排环境，以便确定区域，并提供适当的材料。换句话说，教师在为游戏做计划。他们已经确定了活动室的布局和可以提供的材料，这种计划提供了一个内在结构，可以帮助儿童成功参与各种活动。

在高质量的幼儿园和学前班中，教师认识到，为儿童提供更多的游戏选择会让他们更多地参与。不断告知儿童应该做什么，会引起他们的反感。正如美国心理学家埃里克·埃里克森（Erik Erikson, 1950）所指出的，儿童正处于发展自主能力的时期，即自己尝试做各种事情。发展中的独立性以及发展更高能力的动力，促使儿童拒绝成年人在生活中不断地指导。然而，他们追求的也并不是完全摆脱成年人的指导。儿童相信，成年人会在安全范围内提供合理的选择（Gronlund，2013，p. 161）。

因为教师对游戏有所计划，所以把这样的游戏称为"自由游戏"其实不是很准确。事实上，这个标签还可能会产生误导。

"自由游戏"这个标签不能反映教师在计划时的思考，也不能反映游戏对儿童学习有益的程度。事实上，经常有人（儿童的家人、管理者、社区成员、政策制定者）认为，"自由游戏"真正意味着"自由放任"。他们可能认为，这样的游戏没有计划，没有任何教师的干预，也没有目的性或学习发生。

经验丰富的幼儿教育工作者知道，儿童游戏中确实有着大量的计划、教师参与、目的性和学习。一些教师没有将这种游戏称为"自由游戏"，而是将其重新命名为"调查时间""探索时间""发现时间""活动时间""选择时间""专注游戏时间"或"区角时间"，以反映其目的性和重要性。（Gronlund，2016，pp. 33–34）

成功地让儿童投入高水平的游戏活动的教师是有计划的。他们的目的明确，会仔细考虑如何在游戏活动中培养儿童专注投入的学习品质，发挥他们的想象力和批判性思维能力，与他人合作，并从游戏活动中受益。这些意图不会影响游戏的真实性，游戏的属性仍然可以被观察到。下面，让我们根据教师的计划来思考游戏的一些属性。

自愿性：虽然有一套预先计划的游戏活动，但儿童可以选择在哪里玩、玩什么。

与生俱来的吸引力和持续的欲望：如何让儿童感兴趣是教师计划的一部分，这样儿童就会觉得游戏很有趣，并想继续玩。

时间自由且自我意识减弱：教师可以确保每天都有足够的

时间让儿童深度参与游戏（建议时长为 45~60 分钟）。

即兴发挥：教师不一定要计划儿童如何使用现有材料。事实上，比起只有一种用途的材料，教师会提供更多的开放性材料。因此，儿童有很多机会提出自己的想法，并发挥自身的创造力。

有效教学包含计划。幼儿园和学前班的教师将游戏视为其教学计划的重要组成部分，以支持儿童拥有真实且高度投入的游戏。

充足的游戏时间

教师在计划游戏时要认真思考的另一个问题是，在日常安排中用多少时间开展儿童主导的开放式游戏。年幼的儿童不会马上就高度投入。他们需要时间看看有什么材料可用，观察其他人在做什么，弄清楚自己想做什么，然后再开始行动。经验丰富的教师会认识到，儿童需要足够的时间发展高水平的游戏。15~20 分钟是远远不够的。对此，我们给出的建议如下。

- 在游戏区进行至少 60 分钟的室内游戏。
- 每日进行户外游戏，并提供室内体育活动和音乐活动。（Copple & Bredekamp，2009，p. 153，p. 163）

游戏化学习

除了在一日常规中计划游戏区的布置、材料准备和活动时间外，教师还应设定与游戏相关的学习目标。美国心理学教授凯茜·赫什－帕塞克和萝伯塔·米尼克·格林科夫（Kathy Hirsh-Pasek & Roberta Michnick Golinkoff，2014）提出了"游戏化学习"（playful learning）

的概念。她们强调，教师的作用不仅在于确定游戏的学习目标，还在于促进和引导游戏。

> 游戏化学习，是一种促进儿童全面发展的教育方法，包括自由游戏和引导性游戏（guided play）……引导性游戏提供了一个新的转折点，它是指围绕一个总体课程目标在结构化环境中进行的游戏。该课程目标旨在激发儿童与生俱来的好奇心、探索能力，以及使用以学习为导向的材料进行游戏……在引导性游戏中，学习仍然是儿童主导的。这是一个关键点。儿童通过探索精心设计的结构化环境来习得有针对性的信息……教师会通过提出开放式的问题来渐进地支持和引导儿童的探索。

"游戏化学习"与在没有计划的环境中进行的游戏形成鲜明的对比。因为教师有意计划和积极促进游戏，所以前者与学习的联系更加明显。但请注意，游戏仍然是儿童主导的，教师并没有完全控制游戏。相反，教师在渐进地引导、促进和提出开放式问题，并已经确定了学习目标，利用自己的指导将它们整合到儿童主导的游戏中。虽然对儿童主导的强调再明确不过了，但是随着游戏的展开，教师仍然扮演着重要的角色。

关于游戏类别——自由游戏与引导性游戏、儿童主导游戏与教师主导游戏、高水平游戏与低水平游戏，需要注意的是，这些分类不是一成不变的。所有游戏都或多或少是自由的、儿童主导的、高水平的。我们需要做的，是培养观察和评估这些游戏的能力。

我们提出的一个具有潜在挑战性的想法是：在儿童参与儿童主导的游戏时发生的一些学习，是教师"感到意外"或"未预料到"的。教师必须对这种可能性持开放的态度，并准备好在这种学习发生时意识到这一点。但请记住，即使是"意外"发生的学习，教师也需要计划——只是要让计划足够丰富，为意外创造空间。

目的性、计划性、引导性和促进性，确实可以在共同作用下带来游戏化的学习活动。这些活动会反映有意义的高水平游戏的特性。这是学前教育的真正艺术，必须得到认可、讨论和进一步发展。我们在本书中就计划这样做。

如何最好地支持和促进游戏

应该提供多少指导？什么时候指导得太少了，以至于儿童不能深度参与游戏？什么时候指导得太多了，以至于会减少儿童对游戏的乐趣？教师通过观察儿童的游戏来了解这些问题。正如第一章所述，观察是定义游戏的一种方法。通过观察，可以发现哪些属性是明显的，确定儿童是否深度参与，并将游戏与学习联系起来。这意味着，教师不能想当然地认为可以对儿童说"去玩"，然后自己去做其他事情。他们必须参与，才能观察，也许不必总是与儿童交谈或指导游戏，但必须进行以下活动。

- 在儿童旁边。
- 仔细观察儿童在做什么。
- 听听他们在说什么。
- 做好提供帮助的准备。

教师参与游戏，被认为是学前教育有效实践的一部分。

教师需要在游戏中观察什么？各种可观察到的行为表明儿童的参与程度。让我们思考其中的一些行为，将它们按照从"有待发展"到"充分发展"的顺序进行排序。

从依赖到独立

学前教育机构的主要目标是帮助儿童从依赖发展为独立。教师和家长帮助儿童学习穿衣和脱衣、如厕、喂食以及让他人了解自己的需求。而自己做出选择并主动采取行动,是在幼儿园和学前班阶段发展的另一种独立形式。

有些儿童比其他儿童更容易独立。"可怕的 2 岁"这个标签就与儿童走向独立的进程有关,正如 2 岁的儿童宣称的那样"我来做",并推开关爱他们的照护者。然而,有些儿童不愿冒险或尝试一些事情,他们更愿意在幼儿园和学前班期间依赖亲人。虽然这可能与文化影响相关,但也与儿童的性格特征和生活经历有关。

游戏可以让儿童学会独立、主动和尝试新事物。在游戏中,教师可以观察以下内容。

- 儿童的冒险。
- 儿童如何寻求教师的帮助。
- 儿童是否等待教师或其他儿童帮自己做某事。

从重复性动作到创造性创新

在发育的过程中,学步儿进行重复性动作是合适的。他们一次又一次地尝试,看看结果是否相同。但对 3—6 岁的儿童来说,重复性游戏对于提升他们的投入度、解决问题的能力和创造力并不适合。

教师可以观察以下线索,以判断儿童是否陷入重复性游戏中。

- 眼神呆滞,经常没有焦点。
- 看起来很无聊,或说自己很无聊。
- 没有微笑或大笑。
- 没有提出新的想法或使用材料的方法。
- 不会长时间地专注于某个活动。

相比之下,沉浸在高水平游戏的儿童是创造性的创新者。他们会提出使用材料或扩展游戏活动的新想法、新方法。

教师可以观察到儿童的以下特征。
- 明亮而专注的眼睛。
- 微笑和大笑。
- 以创造性的方式组合材料。
- 长时间地参与活动。

从自控力差到自我调节

幼儿园和学前班的儿童正在学习自我控制及自我调节。成年人不能指望他们总是能够抑制自己的冲动。教师和家长一起努力避免儿童之间的打闹,并鼓励他们用语言表达愤怒或沮丧。他们帮助儿童做出安全、有益的选择,而不是那些危险的或具有破坏性的选择。然而,一些3—6岁的儿童表现出比其他儿童更好的冲动控制能力。游戏是他们展示这种能力的活动。

教师可能会观察到儿童的以下举动。
- 在游戏时声音过大或发出噪声。
- 破坏性地或危险地使用材料。
- 歇斯底里地笑而不是高兴地笑。
- 将某些儿童从游戏小组中排除,表现得刻薄,给他人造成伤害。

当教师在高水平游戏中进行观察时,他们会看到儿童做以下事情。
- 努力解决问题,无论是物质问题(比如拼图)还是交际问题(如解决分歧)。
- 几乎不需要教师的干预或帮助,但会在需要时请求帮助,然后再回到游戏中。
- 为了持续游戏,儿童能够改变行为并抑制自己的冲动,因为这些游戏如此令人愉快。

从挫败感到坚持性

儿童对挫折的容忍程度与自我控制和自我调节有关，并且因儿童而异。性格和生活经历对这种能力的形成也有影响。观察儿童玩耍的教师会看到，他们以不同的方式对出现的挫折做出反应。当积木结构无法站立或某个儿童拿走自己想要的玩具时，每名儿童的反应都不相同。一些儿童以愤怒、不良行为或完全退出游戏的方式应对挫折，而另一些儿童从容应对挫折，似乎喜欢挑战，并坚持游戏。

教师观察游戏活动，以确定每名儿童在独立性、创造性、自我调节和坚持性方面的表现。当儿童表现出有待发展的行为，如依赖、自控力差或对挫折的容忍度低时，教师要迅速介入并进行干预。他们可能会采用以下做法。

- 指导儿童，以保证游戏的安全性。
- 建议儿童以不同的方式使用材料。
- 帮助儿童解决与同伴的分歧。

优秀的教师可以敏锐地发现儿童何时需要教师的干预和尽快介入，以顺利处理情况。

但是，那些深度参与游戏并表现出独立性、创造性创新能力、自我调节能力和坚持不懈的儿童，他们也需要教师的指导。我们相信，他们与处于从挫败感到坚持性连续体的另一端的儿童一样需要指导，但指导会有所不同。正如凯茜·赫什-帕塞克和萝伯塔·米尼克·格林科夫（2014）所说，这种指导不是干预或中断（通常是为了安全起见），而是"渐进的"。教师应该这样做，如下所示。

- 支持和促进游戏。
- 跟随儿童的游戏。

- 与儿童一起参与游戏。

下面,让我们来看看如何更深入地支持和促进儿童的高水平游戏。

思考对环境的改变

教师要知道,让儿童参与游戏化的学习活动,就需要精心布置活动室环境。可以用柜子等家具和材料清楚地划分区域,引导儿童参与不同类型的游戏。为了提供和支持高水平的游戏,教师必须不断评估活动室布置的方式是否有效,以及儿童在哪里成功地使用了材料。有时,调整发生在当下。教师可能会给拥挤的橡皮泥游戏区搬来更多的椅子,并帮助他们分配橡皮泥,以便每个人都可以使用。教师也可能向积木区的孩子们提供一桶小恐龙,以丰富他们正在搭建的建构物。

或者,教师可能会考虑环境随着时间推移所产生的变化。他们可能已经注意到一个游戏区出现的问题,或者担心另一个游戏区里的游戏没有计划中的丰富和引人入胜。当儿童表现得不好或者游戏水平不高时,教师问的第一个问题应该是"这发生在活动室的哪个游戏区或兴趣区?",然后再仔细研究该区域并对其特定方面进行评估。

研究并评估区域

空间

- 是否有足够的空间让儿童在使用材料时四处走动,而不会侵犯他人的私人空间?

- 游戏区是否太大了且没有明确的界线，以至于儿童缺乏游戏意图和边界感？

材料数量
- 游戏区是否有足够的材料供想在那里玩耍的儿童使用？
- 是否有一些非常受欢迎的材料会引起儿童的分歧？
- 是否有太多的材料，让儿童不知如何选择？

引人入胜且有趣的材料
- 儿童觉得哪些材料最有趣？
- 哪些是儿童没有使用或使用不当的材料？
- 儿童使用这些材料有多种方式吗？
- 材料是开放性的还是封闭性的（即是否只有一种正确的使用方式）？
- 是否到了通过改变一些材料来增加兴趣或挑战的时候？

针对环境采取措施

当教师问自己以上问题时，他们就可以确定接下来针对环境的这些方面要采取的措施。

空间
- 可能需要移出一个架子，以便在积木区腾出更多的空间，并且儿童不会撞倒彼此的建构物。
- 图书区的面积可能太大了，需要被界定为更小的、更舒适的空间。
- 可能需要召开一次班级会议，讨论戏剧游戏区中出现的问题。儿童可以提出重新安排空间的想法，以减少分歧。

材料数量

- 操作区的拼图可能太多了,以至于儿童把它们全部倒出来,却仍然难以找到与空隙对应的拼图片。较少的选择可能会让他们的游戏更顺利。
- 也许应该将唯一的一架浅蓝色飞机收起来,因为每天所有男孩都为之争抢(尽管还有许多不同颜色的飞机)。
- 也许应该在班级图书区提供多本儿童最喜欢的书籍复本,供大家阅读。

引人入胜且有趣的材料

- 也许需要提供不同的书写材料以吸引儿童到书写区,如许多不同种类的纸张(画线的纸、空白的纸、信纸、便条卡、索引卡)和书写工具(钢笔、铅笔、记号笔、不同尺寸的蜡笔),以便儿童选择最适合他们的材料。
- 也许是时候将感官桌上的材料从干沙改为湿沙,或者从装满水的盆改为单独的水盘,以便每名儿童都有一个单独的空间。
- 如果想让科学区适合儿童,那么应该让儿童在户外进行自然漫步,收集树叶、树枝、鹅卵石和其他物品,然后决定如何用放大镜等工具分析它们,并给它们贴上标签,将它们展示在"自然博物馆"中。

改变环境是促进和支持高水平游戏的一种方式。它是一项重要的教学策略,是幼儿园和学前班日常生活的一部分,也是正在进行的游戏化学习计划的一部分。

与儿童互动以支持和促进游戏

教师可以从许多其他策略中进行选择,以支持和促进儿童的游戏。这些策略,包括和儿童一起参与游戏。本节将重点介绍以下教学策略。

- 和儿童一起游戏。
- 做示范。
- 提供鹰架(scaffolding)。
- 提供激发物(provocation)和挑战。
- 与儿童一起反思他们的游戏。

教师在观察儿童游戏时即时做出决定,以确定使用哪种策略。然后,他们在与儿童互动时会继续观察策略是否成功。这是有效教学的核心。经验丰富的教师会密切关注儿童在做什么和说什么,并相应地持续调整自己的行为。下面,让我们深入地了解教师参与儿童游戏的五种方式。

和儿童一起游戏

当儿童游戏时,教师在附近停留就会表明他对儿童正在做的事情感兴趣。教师一边看一边听,了解儿童的游戏,同时可能会微笑,给予认可或者描述自己所看到的情况。教师正在仔细解读儿童传递给他的信号。自始至终,教师都要问自己以下问题。

- 儿童是否深深地投入他们正在做的事情中?
- 儿童想向我展示他们在做的事情吗?
- 儿童是否有兴趣以某种方式让我参与他们的游戏?

在儿童邀请教师之前,教师不会主动介入儿童的游戏。但即使儿童不邀请教师，教师也可以继续观察。然而，如果一名儿童说"老师，看看我们在做什么！"，教师就获得了参与儿童游戏的机会，这时可以这样做，如下所示。

- 靠近儿童一点。
- 坐在儿童旁边。
- 继续发表支持性评论。
- 参与游戏。

教师在这样做时应始终明白，游戏是属于儿童的。教师可以推进情节，加入儿童的游戏，但不能掌控游戏，而是要确保儿童将教师的参与视为自己想要完成的事情中伴随发生的一部分，不会中断或改变这一进程。这需要教师的敏感性，教师要控制自己的冲动，进行自我调节！这样做会产生很好的效果。下面是一位教师与儿童进行平行游戏的示例。请注意教师等待儿童的邀请、加入儿童的游戏、避免自己掌控游戏以及使用开放式问题促进儿童参与的方式。

> 艾丽西亚（4岁）正在一个人玩娃娃家游戏。她是一个在表达性语言方面有特殊需求的儿童，因此不像其他儿童那样会说话。她的老师凯尔走了过来，坐在附近的椅子上。艾丽西亚说："看，老师，这是妈妈。"凯尔靠得更近了，捡起一个父亲形象的娃娃。艾丽西亚说："这是爸爸。""我想知道，爸爸妈妈在做什么？"凯尔问道。艾丽西亚从他手中接过父亲形象的娃娃，把两个娃娃放在厨房餐桌的椅子上。然后，她拿着两个娃娃说话，仿佛它们在进行对话。她用较高的音调帮"妈妈"说话，用较低的音调帮"爸爸"说话。凯尔坐下来倾听，然后问道："他们在说话吗？在说什么？""他们在说小宝宝。"艾丽西亚回答道，同时从另一间活动室

> 拉出小宝宝形象的娃娃,把它放在厨房里。凯尔和艾丽西亚继续玩了10分钟左右的娃娃家游戏。

做示范

做示范是另一种可用于支持和促进儿童游戏的教学策略。在和儿童一起游戏时,教师可以示范如何使用新的或者儿童不熟悉的材料。在这样做时,教师可以把自己的想法说出来,描述自己在做什么,并向自己提出开放式问题。当教师第一次尝试这样做时,他们可能会感到不自在或有些尴尬。但随着继续使用这种策略,他们便会发现自己的不适感慢慢消失了。通常,儿童会对教师正在做的事情感兴趣,并愿意自己尝试一下。即使在高年级,做示范和分享自己的思考过程也是有效的教学策略。

> 通过在思考问题时大声说出自己的思考过程(无声对话),教师就可以示范善于思考的专家是如何解决问题的……当儿童与教师进行有声思考时,他们会逐渐将这种对话内化,使其成为他们的内在语言,这是他们指导自己的行为和解决问题的方式(Tinzmann et al., 1990)。因此,当儿童进行有声思考时,他们将学会如何学习。他们学会以作家、数学家、人类学家、经济学家、历史学家、科学家和艺术家的身份进行思考。他们会发展成具有反思能力、元认知能力和独立性的学习者,这是非常重要的一步,能帮助儿童理解学习需要付出努力且往往是困难的(Tinzmann et al., 1990)。它让儿童知道,他们在解决问题的过程中并不孤单。

做示范和有声思考,包括向儿童介绍新事物以及重温熟悉的游戏任务。同样,开放式提问可以作为该策略的一部分。下面是一位教师做示范和进行有声思考的示例。

> 学前班教师帕特里西娅为了回应众多儿童的兴趣,创建了一个恐龙游戏区。她在里面放置了石头、放大镜、玩具恐龙、天平、可以贴在墙上的纸以及可以印字和图案的模板。在介绍这个游戏区时,她鼓励儿童用模板追踪和拓印、通过放大镜观察岩石、画恐龙、给玩具恐龙称重。在观察儿童探索这些材料时,她注意到儿童没有使用天平,于是走过去,问儿童自己是否可以加入游戏。孩子们同意了。帕特里西娅在他们旁边坐下,大声说:"我们能用这个天平做什么?"孩子们没有回应。她说:"我想知道,可以在天平的这一边放多少恐龙?"当她开始给天平的一侧装东西时,约瑟夫说"我来装另一边"。蒂莫西在帮助约瑟夫。"我们怎么知道哪个更重?"帕特里西娅问道。"它会下降。"约瑟夫回答说。帕特里西娅待在附近,在儿童继续用天平称不同组的玩具恐龙时与他们交谈。其他儿童也参与进来,预测哪些恐龙更重,哪些恐龙更轻。然后,帕特里西娅拿了一些纸和记号笔,说:"我要做一本册子,记录我们刚刚称重的东西。"随着儿童使用天平,帕特里西娅记录了恐龙的大小,同时或多或少地写了一些等式。一些儿童也和她一起追踪和记录他们的发现。

提供鹰架

到目前为止,我们所讨论的教学策略是为了促进和支持儿童进行游戏化学习活动,让儿童参与对他们有很多好处的高水平游戏。还有一种特别有效的教学策略是提供鹰架。就教师如何在游戏中与儿童互动而言，提供鹰架意味着什么？

在班级互动的背景下，"鹰架"一词被用来描述教师为儿童提供的临时协助，以帮助他们完成任务或发展新的认知，便于他们以后能够独立完成类似的任务（Burns & Joyce，2005）。

提供鹰架不仅仅是做示范或有声思考。它需要教师在现场，对儿童成功地独立完成手头任务的能力进行评估。教师观察并确定儿童能做什么、不能做什么。当儿童遇到问题或不成功时，教师会评估儿童的潜在反应，问自己以下问题。

- 他会不会太沮丧？
- 他会彻底放弃吗？
- 他会生气吗？
- 他会喜欢挑战吗？

当教师在自己的脑海中回答这些问题时，他会思考如何为儿童提供恰到好处的支持。教师是如何知道儿童所处的能力水平的？儿童会取得成功，而且认为自己是主要的任务完成者。在不同的游戏情境中，教师给每名儿童提供的鹰架都是不同的。

可以有效运用鹰架策略的教师也知道要耐心等待，因为他需要弄清楚应给儿童提供多少支持。在等待的过程中，他们会进行以下活动。

- 了解情况，密切观察。
- 了解儿童是否喜欢挑战。
- 询问儿童是否需要帮助。
- 考虑提供少量帮助，让儿童持续参与。

下面是一位教师在游戏中为儿童提供鹰架的示例。

在幼儿园活动室里，教师莉迪娅看到索菲娅已经拿出图卡和彩色形状小卡片，并将它们放在桌子上。莉迪娅在附近拉了一把椅子坐下，看着索菲娅成功地匹配图卡并创造了AB和ABC的摆放规律。莉迪娅想知道她是否可以帮助索菲娅不用图卡创造规律，并询问索菲娅是否愿意尝试。索菲娅同意了。莉迪娅问："你觉得你能摆出什么样的规律？"索菲娅说"我知道"并开始将彩色形状一个接一个地排列，没有明显的顺序。"你还记得一个规律必须有什么特点吗？"莉迪娅问道，"让我们来一起看看卡片。"她们分析了卡片上规律的重复性，然后将它们收起来。莉迪娅引导索菲娅放置一个黄色三角形和一个绿色正方形。"所以，如果我们用这两个作为规律，那么接下来放什么呢？黄色三角形还是绿色正方形？"索菲娅看了莉迪娅几秒钟，然后有了想法立即整理出所有合适的形状，完成了有规律的排列。莉迪娅说："真棒！我们要不要尝试一个具有三种不同颜色或形状的规律？怎么样，索菲娅？如果需要，我会帮助你的。"于是，她们又一起创造了ABC的规律，当索菲娅犹豫不决时，莉迪娅添加了一个形状。

提供激发物和挑战

教师如果发现儿童喜欢挑战并且不需要他们的帮助就能获得成功，就可以考虑提供激发物，从而使儿童在游戏中所做的事情更加复杂。激发物是瑞吉欧·艾米莉亚（Reggio Emilia）幼儿教育中的一个术语，是指教师"密切地关注儿童的兴趣，并设计一种方法来进一步推进儿童的思考和行动"（Gestwicki，2016，p. 118）。

在设计激发物时，教师需要反思自己在儿童游戏时观察到的情况，确定什么样的难度适合激发儿童的兴趣。正如坎特和惠利（Kantor & Whaley）所写，"干预要谨慎且具体——旨在促进儿童的思考，'激励'他们进一步思考……教师不要限制儿童，而是努力为他们开拓各种可能性，就像大师帮助儿童学习演奏乐器但不会为他们创作音乐一样"（1998，p. 322）。

> 这个想法是，密切地关注儿童的发展水平，并在课程中进行调整。这种调整不仅要与儿童的发展水平相匹配，还要对儿童来说有挑战性，让他们在技能、知识和概念方面有所进步。然后，教师随时准备好提供鹰架和支持。（Gronlund，2013，pp. 140–141）

因此，在向儿童提供激发物时，鹰架是必要的。让这两种教学策略齐头并进。

对幼儿园和学前班的儿童而言，有哪些可能的激发物呢？下面是一些基本的选择供您参考。然而，随着本书内容的展开以及对标准和学业学习在儿童游戏中作用的探讨，我们会提供更多有关激发物的想法。基本的激发物，如下所示。

- 新的或不同的材料。
- 新的或不同的玩伴。
- 探究性主题、项目或研究。
- 结合学业学习技能（如阅读理解、书写、解决数学问题或科学探究）。
- 记录游戏或并与他人分享。

以下是一位学前班教师设计和实施的激发物示例。

> 学前班教师詹森在本周早些时候遇到了汽车故障,她与班级儿童分享了这令人沮丧的经历。儿童问了她很多关于修车的问题,并分享了自己的家人遇到汽车故障的经历。就这样,詹森和搭班教师兰格决定创建一个汽车维修区。他们用毯子盖住一张桌子,称它为"汽车"。他们提供了工具、测量设备、电话、带纸的写字板、书写材料、塑料瓶和滑板(在车下滚动)。孩子们在这个区域的整个游戏时间里都非常投入。他们假装接听电话,写订单,用工具在车底滚动,使用测量物品,在车内放置液体,并与客户交谈。詹森和兰格惊讶地发现,放在该区域的滑板竟然仅被用于其预期目的,即假装在车下滚动,没有儿童用滑板干别的。儿童在谈论如何修理汽车时,完全沉浸在角色中。他们还使用了有关汽车和测量的适当词汇来描述正在发生的事情,并在整个活动中相互交流和合作。

与儿童一起反思他们的游戏

教师支持和促进儿童游戏的另一种方式,是鼓励他们事后反思自己的游戏。教师可以邀请儿童回顾他们在游戏中所做的事情,给予认可并赋予它重要性。当儿童记住自己所做的事情并向他人解释时,询问他们对游戏的想法有助于培养他们的沟通技能,也可以使他们思考下次如何做得不同。这样的对话还会为教师提供建议和新的想法。儿童和教师可以共同为下一次的游戏活动制订计划。教师可以穿插设计学习目标和挑战,使儿童的游戏更加复杂且具有创造性。

一些教师借助科技手段让儿童参与反思过程。他们使用手持设备,对儿童在游戏时所做的事情进行录像或录音。然后,他们和儿童一起重温，进行反思。下面是此类讨论的示例。

> 一大早，幼儿园教师乔丹问一群儿童："在开始游戏之前，大家想不想看一下自己昨天游戏的视频？""想！"几个孩子起身跑到平板电脑前。乔丹播放了这段短片，问道："这里发生了什么？"萨拉说："阿梅莉亚病了！"扎克表示同意："是的，她得了白喉。萨拉在 X 光片上看到了它。看到了吗？她正在那里看 X 光片。"乔丹问道："医生，你今天将如何帮助我们的朋友呢？"扎克回答说："我们需要给她买药，但药店很远。"萨拉建议，通过狗拉雪橇接力来买药，将游戏与目前班上正流行的雪橇犬故事联系了起来。孩子们冲出去，开始收集道具，召集朋友，因为他们需要尽可能地壮大狗拉雪橇的队伍！很快，班上的大部分儿童都参加了接力，在紧要关头为阿梅莉亚买药。当天晚些时候，孩子们观看了他们玩狗拉雪橇游戏的视频，一起重温了他们所经历的故事（Foley & Green, 2015, p. 21）。

教师可以让儿童绘画或书写他们的游戏，也可以在儿童的戏剧游戏中充当抄写员，把儿童创作的剧本写下来。然后，教师可以和儿童一起重温剧本并邀请他们再次表演。美国幼儿教育专家薇薇安·佩利（Vivian Paley，1981）记录了大量她与学前班儿童一起这样做的经历，并取得了很好的效果。教师更多地了解儿童的想法，儿童便能感受到自己的游戏对教师来说是多么重要。

总　　结

本章分享的所有策略都可以被综合运用以支持儿童的游戏。教师和儿童如共舞一般,教师不断地决定什么时候让儿童主导、教师跟随,或者什么时候教师应该更多地发挥主导作用,改变环境、做示范、有声思考、提供鹰架或激发物。

观察是一个关键因素。教师观看和倾听,以决定何时进出儿童的游戏。教师无论是与儿童一起游戏还是为游戏提供鹰架,都可以使用开放式提问。教师的首要目的是让儿童从游戏中受益。

我们发现,有效地促进游戏是非常复杂的。教师需要考虑很多选择,并且必须不断评估游戏情况。这是一项有难度的工作!它不是随意或随机的。每一步都是带着意图的。它对于游戏发展至关重要,而游戏与学习、标准和对儿童的诸多益处相关联。本章开篇提出的问题是,如果儿童游戏中有了教师参与,那么游戏仍然是儿童主导且开放的吗?

是的!我们希望本章已经阐释了教师与儿童互动并促进和支持儿童主导的开放式游戏的多种方式。

下一章将进一步探讨标准以及与其有关的事实和误解。更重要的是,我们阐明了标准如何为我们所期待的儿童学习提供必要的指导。

教师实施建议:教师参与儿童主导的游戏

回想你所在班级的上一周情况,思考以下问题。

- 你是如何参与儿童的游戏的?
- 你觉得,你的参与是否支持或促进了儿童的游戏?以什么方式?
- 未来,你会尝试本章中的哪些方法?

管理者实施建议：教师参与儿童主导的游戏

在接下来的一周中，安排一些时间观察班级里儿童主导的游戏。询问教师们，在日常安排中这类活动最有可能发生在什么时候。思考以下问题。

- 教师参与得如何？记住，要思考教师如何计划或创造机会。
- 你是否观察到教师与儿童一起游戏，做示范，提供鹰架、激发物和挑战以及和儿童一起反思？
- 从你的角度来看，游戏的哪个部分有最丰富的学习内容？
- 关于如何在游戏活动中变得更有目的性，你会为教师们提供哪些指导？
- 与教师们分享你对这些问题的思考，观察你的想法是如何与他们的想法保持一致的。

第三章
为什么需要标准
——关于标准的事实和误解

争议性问题：为什么标准在学前教育中是必不可少的？

托马斯·伦登：管理者的角度

2002年，美国联邦政府发起的"良好的开端，聪明的成长"（Good Start, Grow Smart）项目正式启动时，我在艾奥瓦州教育部工作的一位同事负责帮助该州制定早期学习指南。当时，我对这些举措持怀疑态度，认为这些指南或标准旨在提高儿童早期学习的期望水平。我持有一种传统的观点，即发展适宜性实践应将重点放在为儿童提供丰富、有趣的活动上，而不是担心儿童在学习什么。我非常认真地问同事："我们要制定早期学习指南，是因为我们必须要这样做吗？还是实际上打算以某种特定的方式使用它们？"她回答说："哦，我们肯定会使用它们的。"她的回答对我来说是一个转折点。不到4个月后，我被邀请在学前教育会议上就标准的价值发表主题演讲。我必须做好准备。多亏了我和同事简短而明确的谈话，我已经准备好了。标准是要使用的，且应该被认真对待。

盖伊·格朗兰德：教师的角度

当我在全国各地旅行，并与幼儿教育工作者交谈时，我听到许多他们对标准的困惑。我认为，人们往往将标准本身与标

> 准的实施方式混淆。他们的实施手段通常不具有发展适宜性。我们必须消除误解，并了解标准以及在幼儿园和学前班实施标准的最佳方式。

儿童应该得到什么

本书一次又一次地表明，游戏和标准可以结合在一起。但我们绝不会为了让它们"更合适"而牺牲任意一方——游戏或标准——的完整性。我们相信，标准和游戏可以联系起来，这样教师就可以做他们应该做的事情：以适合儿童的方式教儿童。本章将阐明：什么是标准，标准对学前教育意味着什么，以及实施标准的最佳方式。

不幸的是，我们看到了一些对游戏有害或未能达到标准的做法。教师或管理者可能认为，让教师主导的教学更有趣、更好玩，就是在向儿童提供游戏机会。他们还可能简化标准，比如，只关注其中一部分，或是展现出一种"差不多得了"的态度，从而削弱对某些特定技能或知识的掌握程度的要求。这两种做法都是不可接受的，也都不是最佳学习。儿童应该得到更好的。

- 儿童应该受到挑战。
- 儿童应该得到指导，了解新事物，发展并超越现有的能力。
- 儿童接受的教育应该能让他们做好准备在世界中生存和发展。
- 儿童应该了解他们感兴趣的事物，也应该了解对他们来说很重要的事情。
- 儿童应该通过各种各样的活动和方法来学习。
- 作为有学习能力的学习者，儿童应该得到肯定和支持。
- 教师有义务为儿童提供上述的一切。这就是高质量的学前教育。

什么是标准

运用标准可以为高质量的学前教育奠定基础。有时,标准被称为"指南""标准指导课程""教学指导"及"评估"。它们表达了成年人对儿童的期望,体现了促进社会进步和改善的核心价值观。它们是一组目标,甚至是梦想,是儿童将了解和实现的内容。就像建筑的蓝图一样,标准也是教育的蓝图。它们是详细的图纸、草图或轮廓,描绘了对不同年龄段儿童的学习期望,这将有助于他们生存并茁壮成长。

我们还必须澄清,标准不是:

- 评估;
- 课程;
- 一套教学实践。

标准应被视为一种与儿童发展知识相结合的社会愿望。

本书聚焦于早期学习标准和《州共同核心课程标准》。我们将参考以下标准。

- 为学前班儿童设计的《州共同核心课程标准》
- 《新一代科学教育标准》(Next Generation Science Standards)
- 《大学、职业和公民生活框架——州社会研究课程标准》[College, Career, and Civic Life (C3) Framework for Social Studies State Standards]
- 《K—12体育、社会研究和社会情感发展标准的年级水平学习成果》(Grade-Level Outcomes for a Variety of K-12 Standards for Physical Education, Social Studies, and Social-Emotional Development)

标准对学前教育意味着什么

专业的建议向我们展示了早期学习标准和《州共同核心课程标准》的潜在好处。

对幼儿园儿童来说：

> 生命的最初几年对儿童以后的发展至关重要。年幼的儿童有一种与生俱来的学习欲望。儿时的经验可能支持也可能削弱这种欲望。高质量的学前教育可以促进儿童智力、语言、身体、社会情感的发展，为入学做好准备，并为以后的学业学习和社交能力奠定基础。通过确定学前教育的理想内容和结果，早期学习标准可以为儿童早期阶段的积极发展与学习带来更好的机会。（NAEYC & NAECS/SDE，2022，p.2）

对学前班及更大的儿童来说：

> 各州一致的高标准为教师、家长和儿童提供了一套明确的目标，以确保所有学生都能在高中毕业后，无论在哪里，都能具备在大学、职业乃至生活中取得成功所需的基本技能和知识。这些标准符合大学、劳动培训和雇主的期望，且促进公平，确保所有学生都准备好与国内外的同龄人进行合作和竞争。与以前各州差异很大的州标准不同，《州共同核心课程标准》能够使各州围绕一系列工具和政策进行协作。（CCSS，2015a）

莎伦·琳恩·卡根（Sharon Lynn Kagan，2013）及其同事指出，标准提供了以下内容。

- 质量
- 公平
- 一致
- 透明

让我们依次看一下。

质量

提高标准，以塑造质量。标准规定了儿童想要在未来生存发展所必需的学习内容。标准使教师更加有意识地观察儿童从班级活动中学到了什么，是提供高质量早期学习项目的重要元素。

公平

标准为公平提供了基础，因为它确定了我们希望每名儿童知道什么和做什么。标准旨在确定对所有儿童的高期望，从而减少社区之间在儿童学习量和学习程度方面的差异。正如约翰·哈蒂（John Hattie）提醒我们的那样，期望对教师行为和儿童成功具有微妙而强大的影响。

> 学生们知道，由于教师的期望，他们在班级中会受到不同的对待，并且可以非常准确地指出，教师对某些学生的偏爱程度与其他有更高期望的学生的不同。（Hattie，2009，p. 124）

一致

标准促进一致。当学前教育机构、学区、城市、州或国家采用标准时，有助于确保每个班级的每位教师都能考虑并处理所有领域的问题。当教师只教他们最喜欢的单元或只关注儿童想学的东西时，就会有重要领域被忽视的风险。标准有助于提醒我们，在教育儿童时要承担的全部责任。

标准需要具有横向和纵向的一致性，只有这样才能有效排列标准，有逻辑、有步骤地建构知识与技能。同样，确保儿童在幼儿园或学前班学习一致的东西，也可以提供稳定性。一致，使教育系统具有连贯性。

透明

对标准负责,就会透明。当标准被发布、在班级中被展示、被纳入课程规划和评估程序并被传达给家长和家庭成员时,教育工作者就是在阐明幼儿园和学前班正在进行的学习。这种透明表明,幼儿教育工作者开展重要的工作,远远不止保护儿童的安全和健康。透明使儿童的家庭成员得以与教师合作。教师可以将他们正在做的事情,与儿童在婴幼儿时期的照护者和教师的计划联系起来。当儿童将要进入小学时,他们还可以与接管儿童的小学教师一起帮助儿童顺利过渡到小学。

关于标准的问题

学前教育领域的一些专业人士不欢迎标准的制定,或是不确定如何更好地实施标准。许多人认为,与更具建设性的、让儿童从自己的兴趣和主动性中学习的方法相比,标准的作用与之相去甚远。他们认为,标准运动会导致高风险测试,教师指导的教学策略会更加失败,对幼儿园和学前班儿童不必要、不适当的学业要求会逐渐提高。

我们认同,确实应当仔细考虑基于标准进行的教育实践。然而,我们也认为,对于标准的内容和实施,大家有所混淆。下面,让我们更仔细地探讨以上提出的每个问题。

问题1:标准并不总是基于对儿童成长和学习的了解

确实,标准的内容必须基于对儿童发展的了解,以使期望与年龄相适应。教师应注意儿童在标准实施过程中使用的学习方式。如果对标准中的具体基准存在分歧,教育工作者就要继续讨论并微调预期,以使标准适合儿童的发展。这样做与课程策略有关,与标准本身的内容无关。

问题 2：标准并没有考虑儿童的需求、能力、文化和独特性

在课程中实施标准时，优秀的教师会考虑儿童个体的需求和能力。标准确定了对所有儿童的高期望，确保了公平。如果为了解决个人需求而制定标准，可能会降低对一部分人的期望，并过度挑战另一部分人。

考虑文化差异很重要。以下警示性声明敦促人们持续关注文化的多样性。

> 社会中最小的儿童，是我们文化中最多样化的群体。早期学习标准必须考虑到这种多样性。此外，许多儿童会从具有自己所熟悉的文化的托育机构和家庭环境过渡到没有体现其文化或语言的环境中。这样的不连续性不利于早期学习标准的有效实行。（NAEYC & NAECS/SDE，2002，p. 3）

一些州的早期学习标准通过在社会研究领域纳入与双语学习者或文化意识发展相关的内容来解决文化多样性的问题。

问题 3：标准可能导致以无效或无意义的方式进行教授，缩小课程范围，减少游戏和动手学习的时间

我们同意这一点！这就是为什么本书的重点在于如何实施标准。我们知道，按照标准进行教学是可能的，并且仍然有效且有意义。我们展示了这样做的许多种方法。事实上，如果标准导致游戏时间减少，那么本书就是对这种标准实施的批评。我们坚信，游戏是对标准的补充，不会与之竞争。反对使用标准，不是应有的答案。我们认为，标准实际上提供了一个让儿童更多地参与游戏和动手学习的理由。

把标准作为目标

思考标准实施的一种方法,是认识到标准为教师提供了一套既定的学习目标。目标给我们指明方向,形成所有正在发生的一切的目的。将目标与实践联系起来的,是目的性。美国发展心理学研究者安·爱泼斯坦(Ann Epstein,2014)进行了如下解释。

"有准备的",即行动有目的,心中有目标,并且有实现目标的计划。有准备的行为需要缜密思考,并考虑其潜在的效果。因此,有准备的教师要为儿童明确定义学习目标,采用有助于实现该目标的教学策略,对进展进行不断的评估,并根据评估结果调整策略。教师如果能够解释自己为什么这么做,那么他们所做的就是有准备的行为,不管这个行为是第一次尝试使用,还是长期实践后惯性地使用,也不管这个行为是深思熟虑的计划中的一部分,还是在教学情境中自发运用的。[①](Epstein,2014,p. 5)

为了确定如何最好地将标准作为目标,教师可以看看标准是如何分级的。无论是早期学习标准,还是《州共同核心课程标准》,都像婚礼蛋糕一样。其中,最底层的标准内容宽广,越往上的每层标准的内容范围越小。大多数标准至少包含三层。让我们以艾奥瓦州的儿童早期学习标准(Iowa Early Learning Standards,ECI[②],2012)为例,看看这些层次。

1. 领域层——知识或技能的一般领域,如沟通、语言和读写,

---

① 此文原文出自爱泼斯坦的 *The Intentional Teacher: Choosing the Best Strategies for Young Children's Learning* 一书。该书的简体中文版《教师主导还是儿童主导?:为儿童学习选择适宜策略》已由中国轻工业出版社于 2021 年出版。——译者注

② 英文全称为 Early Childhood Iowa,即艾奥瓦州学前教育。——译者注

或身体健康和运动发展。

2. 标准层——关于儿童应该知道什么和能够做什么的笼统陈述。例如，儿童能出于多种目的理解并使用交流能力和语言，或儿童发展大肌肉运动技能。

3. 基准层或指标层——更精细或更详细地列出儿童需要知道或能够做的具体事情。例如，交流、语言和读写领域的标准是"儿童能出于多种目的理解并使用交流能力和语言"，以及下面更具体的基准。

- 表现出听力（接受性语言）的增强和口语（表达性语言）词汇量的稳步增加。
- 在和同龄人或成年人的谈话中发起、倾听和回应与主题相关的内容。
- 用越来越长且越来越复杂的短语和句子说话。
- 能遵循涉及多项行动的口头指令。
- 提出并回答各种问题。
- 了解有关对话规则的知识，比如轮流发言。

《州共同核心课程标准》也有层次。对于英语语言艺术和数学课程，这些层次以不同的方式被标明。对于学前班至5年级的英语语言艺术课程，其标准包含以下几个分支。

- 阅读
- 写作
- 口语和听力
- 语言

"每个分支都以一套特定的大学与职业能力锚定标准（College and Career Readiness Anchor Standards，CCR）引领，该标准在所有年级都有相应的年级特定标准,并将笼统的标准表述转换为适合相应年级的年终期望。"(CCSS,2015b)例如,在阅读方面,学前班读写分支的四个锚定标准如下。

1. 主旨思想和细节。
2. 技法与结构。
3. 知识与思想的融合。
4. 阅读范围和文本复杂程度。

在实际运用中,学前班的标准会被归入适当的锚定标准之下。由此,关于主旨思想和细节的标准如下所示。

- 在提示和支持下,提出和回答有关文本中关键细节的问题。
- 在提示和支持下,复述熟悉的故事,包括关键细节。
- 在提示和支持下,了解故事中的人物、背景和主要事件。

在数学方面,标明和组织标准的方式有所不同。确定每个领域,以描述相关的标准组。用集群概括相应的标准组。标准本身"定义了学生应该理解什么和能够做什么"(CCSS,2015c)。下面是一个学前班的例子。

在计数和基数领域,有以下三个集群。

1. 了解数字的名字,并知道数字的顺序。
2. 通过计数来确定物品的总数。
3. 比较数字的大小。

关于上面提到的第一个集群,学前班的标准如下。

- 一个数一个数地数到100,或十个数十个数地数到100。
- 在一个已知的数字序列中,从一个给定的数字开始数,而不是从1开始。

- 写下 0—20 的数字，用 0—20 中的某个数字说明一组物品的数量，0 表示没有物品。

对早期学习标准和《州共同核心课程标准》的批评者没有考虑到标准中各层次的复杂性。使用标准来指导教学和评估实践的教师，必须花时间了解所有的层次，以明确每一层之间应如何相互衔接。

早期学习标准中的游戏

一些州将游戏纳入其早期学习标准中。其中，许多州都描述了基准在幼儿园班级日常环境中的表现，包括在游戏活动中展现的那些基准。

在《艾奥瓦州早期学习标准》（Iowa Early Learning Standards）中，题为"基本注意事项"的部分专门解释了游戏的重要性，具体如下。

《艾奥瓦州早期学习标准》强调游戏在学习中的重要性，通过使用室内和室外游戏的例子来说明体贴的成年人如何支持儿童的自然倾向、动机、快乐和学习，将游戏融入发展的每个领域。游戏是自然的、有意义的、快乐的。当我们想让儿童为 21 世纪做好准备时，游戏是必不可少的。（ECI，2012，p. 18）

在学习品质这个领域中，艾奥瓦州甚至专门编写了一个关于游戏的标准——"儿童通过游戏学习"。下面引用了美国其他州最近的一些例子。

- 在怀俄明州的标准中，有一个名为"深入挖掘"的部分，该部分频繁地展示了学习基准之间的联系，以及这些基准如何在游戏中被表现出来（Wyoming Early Childhood State

Advisory Council[①],2013)。

- 佛蒙特州在2015年8月的标准修订中,在开头写道:"在《佛蒙特州早期学习标准》(Vermont Early Learning Standards,VELS)的每个领域中,游戏都占有重要地位。我们围绕着这样一个信念,即无论是在发展层面还是内容领域,儿童的游戏都是促进学习的基础。我们会继续坚持这一信念。"(Vermont Agency for Education and Agency for Human Services[②],2015,p.4)

- 在《华盛顿州早期学习与发展指南》(Washington State Early Learning and Development Guidelines,Washington State Department of Early Learning[③],2012)中,几乎所有的标准都描述了儿童在游戏和成年人的游戏建议("与儿童一起尝试某些想法……")中表现出标准的方式("儿童可能……"),甚至小学低年级的指南也是这样。

- 肯塔基州在其针对三四岁儿童的所有标准中都包含了在游戏环境中进行技能演示的示例(Kentucky Governor's Office of Early Childhood[④],2013)。

教师和管理者必须仔细查看他们所在州的早期学习标准及其介绍、附录和其他材料,以了解该州是怎样解释和阐明如何将游戏与标准整合到课程实践中的。

---

① 即怀俄明州幼儿教育咨询委员会。——译者注
② 即佛蒙特州教育局和人力服务局。——译者注
③ 即华盛顿州早期学习部门。——译者注
④ 即肯塔基州州长早期教育办公室。——译者注

《州共同核心课程标准》与游戏

《州共同核心课程标准》的制定旨在促进批判性思维、解决问题的能力和分析能力的发展:"《州共同核心课程标准》的基本目标……是促进教师对一组核心内容和技能的深刻理解。"(Conley, 2014, p. 7)这里的关键词是"深刻理解",并不意味着只是死记硬背。相反,《州共同核心课程标准》要求学生分析、综合并将他们所知道的和学到的知识应用到新的情境和经验中。

游戏与深刻理解息息相关。墨菲(Murphy, 2014)和同事认为,培养批判性思维的最佳方式是发展先决技能,即语言和社会情感技能。游戏不仅为锻炼这些技能提供了充足的机会,更重要的是,还促进了思维的灵活性和应用多种方式解决问题的能力(Pepler & Ross, 1981)。在角色扮演游戏中,当解决方案与扮演场景高度相关时,游戏会增加儿童解决问题的参与度和动力(Weisberg, Hirsh-Pasek, & Golinkoff, 2013)。学前班教师可以设计一些有趣的活动,以提升儿童与《州共同核心课程标准》相关的技能。比如,可以用有趣且引人入胜的方式将图片与页面上的单词相连,或在法兰绒板[①]上给故事的插图进行排序。当沿着游戏板移动棋子时,教师可以大声地示范计数。我们相信,有很多方法可以将这些标准与以游戏为基础的学习活动相结合。

在《州共同核心课程标准》中,没有任何条款能阻止学校和教师创建安全、温暖、具有支持性的班级,这些班级以游戏为基础、引人入胜且认知经验丰富。如果教师将活动室变成无趣的"磨坊",并声称自己是在《州共同核心课程标准》下被迫这样做的……显然是哪里出了问题。《州共同核心课程标准》不

---

① 一种教学用具,图例等教具经按压可黏附其上。——译者注

要求这样做，研究与明智的判断都支持让儿童早日通过游戏和歌曲接触各种概念。（Pondiscio，2015，p.1）

《州共同核心课程标准》的警告

作为幼儿教育专业人士，《州共同核心课程标准》有一个方面困扰着我们。制定这一标准时，编写人员是从希望学生在高中毕业时所拥有的知识和技能出发的。然后，他们问："如果这是在12年级结束时需要的技能，那么在11年级需要学习什么？如果在11年级需要学习这些，那么在10年级需要学习什么？"以此类推。这一切都是合乎逻辑的。但当逐渐到达低年级，尤其是在学前班时，这些期望对一个5岁的儿童来说可能并不合理，甚至是不合适的。该方法忽略了对儿童发展应抱有的适当期望。

例如，针对学前班的一条标准是"带着目的和理解去阅读早期阅读材料"。然而，儿童真的应该在学前班结束时学会阅读吗？更重要的是，如果儿童不需要学会阅读，那么教师应该做什么？（Heitin，2015）。答案在于标准的应用。如果该标准能让儿童接触更多的书籍并给他们带来一些前阅读体验，那就太好了。但是，教师如果觉得有义务为了提升儿童阅读的流畅度而施加压力，就会产生不好的影响。从来没有人说过，标准能够代替好的教学。相反，标准应该给教师指明更高的要求和期望。

每位教师都应该了解儿童的表现水平，并鼓励他们朝掌握更多的知识与技能迈出下一步。在某些情况下，这样的旅程可能只需要几步，而在其他情况下，则需要很多步。教师了解儿童的发展水平，并尽自己所能鼓励和帮助他们前进，是非常重要的。

总　结

标准对于确定儿童的学习目标有着非常重要的作用。在弄清楚应该如何使用标准时，常常会出现问题。正如我们之前所说，标准是教育的蓝图。在建筑中，没有水泥和几十名工人，就没有建筑。在幼儿园和学前班有效地保持游戏，并将其与标准相结合，是我们的下一个挑战。

我们将离开"预期"，走向"惊喜和愉悦"。接下来将展示如何在儿童游戏中应对标准问题。你可能会惊讶地发现，游戏所涉及的远不止是"玩"。

教师实施建议：早期学习标准和《州共同核心课程标准》

你现在可以做的事情，是花时间回顾你所在州的早期学习标准和《州共同核心课程标准》。对幼儿园和学前班教师来说，这是一个很好的练习，他们不仅可以熟悉有关自己所负责年龄段儿童的期望，还可以熟悉该年龄段前后的水平。在回顾标准时，请看以下内容。

- 所包含的领域。
- 标准的结构与组织方式。
- 标准中的特定语言（例如，它是否用了"从……开始"或"在提示和支持下"这样的字眼），这样的要求是与熟练掌握技能或概念非常不同的期望。

管理者实施建议：早期学习标准和《州共同核心课程标准》

有时，管理者会根据标准思考学生在所在地区或州的评估中取得的分数。请后退一步，真正审视标准本身。从你所在州的早期学习标准和《州共同核心课程标准》中选择几条标准，再从每个领域中至少选择一条。请牢记以下注意事项，缓慢而仔细地阅读。

- 如果一名儿童在这一标准中表现出熟练掌握的状态，会是什么样子？他会做什么？他会说什么？他要用自己创作的什么样的作品样本或证据才能让你意识到他在该标准方面的能力？
- 想象一下，你所在的机构里不同儿童有关标准的表现。他们的表现有何不同？
- 想一想标准在实际应用中会是什么样子。问问自己：这条标准的核心到底是什么？为什么它首先是一条标准？
- 下次参观某个班级时，看看自己是否能观察儿童的表现，并从中发现标准的应用。

第二部分
惊喜和愉悦

从第四章到第五章,我们将进入斯科特·埃伯利游戏循环接下来的两个步骤:惊喜和愉悦。斯图尔特·布朗将埃伯利关于这两个步骤的描述总结如下。

惊喜,是出乎意料的一次发现,是新的感受或想法,或者新的视角。这能够带来愉悦,一种类似于脑筋急转弯那样的笑话给我们带来的美好感觉。

许多教师和管理者可能会为我们的观点感到惊讶,即教师可以在儿童游戏中达到学习标准。我们希望教师和管理者能够因它确实会发生而感到快乐。

我们也意识到,我们的观点与全国各地正在实施的很多基于标准的教育方法背道而驰。我们看到幼儿园和学前班里有更多教师主导的活动。儿童坐在桌椅旁,完成与标准中零散的技能相关的练习册,他们被要求听讲,很少有机会动手实践或运用和整合他们所学的知识。

我们不相信,直接教学是实现标准的唯一方式。相反,我们建议教师通过精心规划、认真促进和观察游戏活动来达到早期学习标准与《州共同核心课程标准》。我们都曾亲眼看到,当教师这样做时，他们和儿童将会更充分地享受这一学习过程。

- 学习变得充满乐趣和吸引人，而不是让人倍感折磨。
- 欢声笑语、深度的认知参与取代了令人讨厌的、乏味的、机械地死记硬背的学习。
- 教师以不同的方式进行教学。
- 儿童以更有意义的方式进行学习。
- 每个人都从中受益。

第四章
教师如何通过儿童游戏达到标准

争议性问题：我们如何确保幼儿教育者通过课程达到标准？

托马斯·伦登：管理者的角度

当一位管理者看到儿童在活动室里游戏时，他可能会误以为这是休息时间，而不是学习时间。有些教师无法清晰地表述他们是如何把标准整合到游戏中的。管理者怎样才能看到或者理解那些隐性的或者至少他本人看不到的东西呢？如果教师能够有意识地详细规划课程，包括在特定时间里孩子们学什么、怎么学、为什么学，那么管理者就可以清晰地看到教师是如何将标准整合进游戏活动中的。有关"为什么"的问题与标准密切相关，如果教师能建立这一联系，那么管理者将会对通过游戏达到标准更有信心，而不仅仅寄希望于说教式教学。

盖伊·格朗兰德：教师的角度

无论活动是教师主导的还是儿童主导的，优秀的教师都会为他们制订的班级活动计划设定目标。他们从想要达到的标准中选择目标，或者从与标准相对应的评估工具中选择目标。在教师主导的活动中似乎更容易看到目标，但是高质量的学前课程会将目标嵌入一日生活的每个部分。那些认为游戏充满学习

> 机会的教师，善于通过制订游戏计划并对儿童在游戏中不同的发展方向给予回应，将标准与游戏进行整合。

直接教学与游戏

当我们和全国各地的教育工作者共同工作时，我们听到了很多有关标准实施的困惑。我们所遇到的最普遍的假设是，教师主导的直接教学活动是唯一能确保标准得以实现的方法。于是，在大部分的学前班和越来越多的幼儿园里，游戏正在被大组或小组活动取代，这些活动旨在实现基于标准的明确目标。在教师的指导和监督下，儿童更多地从事被动学习而不是主动学习。

当确定如何在幼儿园和学前班里实施标准时，需要考虑以下重要的问题。

- 直接教学与游戏在实施标准中的作用各是什么？
- 这真的是非此即彼的事情吗？
- 一个会优于另一个吗？
- 其中一个会被另一个代替吗？还是会共存？
- 每种方式各会促成什么样的学习？

我们不是唯一提出这些问题的教育专业人士，在标题为"为什么我们无须摆脱《州共同核心课程标准》而去游戏"（Why We Don't Need to Get Rid of Common Core to Have Play in Kindergarten）的文章中，谢娜·库克（Shayna Cook，2015）提出以下观点。

在如今的学前班里有更多的游戏是正常、合理的，学校领导者需要认识到，在教授《州共同核心课程标准》中高水平的读写（和数学）技能的同时，有一种方法可以将有意图的游戏融入班级。游戏是十分重要的，尤其对幼儿来说，可以发展他们长期的认知技能，使他们为将来的学业和职业做好准备。校长们必须相信，在文字丰富的学前班里，通过游戏促进儿童语言和读写能力的发展是可能的，而非主要通过直接教学。

让游戏回归学前班，并不需要摆脱《州共同核心课程标准》。我们需要向学校领导解释，以让幼儿获得最佳学习的方式进行教学会比任何与《州共同核心课程标准》相对应的练习册带来更好的发展效果。

注意，库克说，儿童学习是"通过游戏……而非主要通过直接教学"。她并不是说一个一定要代替另一个，而这恰恰是在很多学前教育课程里正在发生的事情。我们相信，这是一个可怕的错误，并不是解决标准问题的最好方式。相反，我们建议教师以一种平衡的方法实施标准，并偏重于高质量的游戏。在幼儿园和学前班的一日生活中，直接教学有一定的位置，当教师懂得如何将标准和游戏进行整合时，他们会选择时间进行与标准有关的直接教学。他们让学习在他们所做的每一件事中都清晰可见。

在为全美幼教协会准备的一篇研究报告中，凯尔·斯诺（2015）这样解释"平衡"。

幼儿园中游戏和直接教学之间的紧张关系真实且令人费解。许多人（包括 NAEYC）认为，这是一个错误的二分法——直接教学与游戏在高质量的学前教育中都扮演着重要的角色……研究正在逐渐揭示如何最好地平衡游戏与直接教学，以对儿童重要的所有方式来促进每名儿童的发展。很明显，继续保持游戏与教学的二分法会带来干扰，我们需要转变非此即彼的观点，转而面对平衡二者的更复杂的挑战。

斯诺建议幼儿教育研究者"以更复杂、更有意义的方式思考教师和儿童的角色、游戏和教学的角色"。

我们显然无意完全抛弃直接教学,而是想更多地了解它与游戏在幼儿园和学前班中的价值。约翰·哈蒂(2009)阐述了直接教学的过程,在亚当斯和恩格尔曼(Adams & Engelmann,1996)的研究基础上,他提出了七种教师行为。我们发现,与此特别相关的是,教师如何依据以下七个步骤采取必要的行动来规划有趣的学习活动。

1. 教师对于教什么建立明确的概念。
2. 教师建立"成功标准"(儿童要做到什么才能表示他们成功地学到了教师所教的内容)。
3. 教师在学习任务中建立信任并参与(吸引儿童的注意力)。
4. 教师讲授课程,应该包含提供信息、示范用法以及检验理解。
5. 教师提供指导实践的机会。
6. 教师以复习重点并总结课程要点和目标的方式结束课程。
7. 教师提供时间进行强化练习,让儿童得以重复和概括在课程中习得的知识或技能。(Hattie,2009,pp. 205–206)

有两点需要注意。首先,是刻意性和目的性。真正的学习需要专注和时间。没人会匆匆忙忙地上完一节课,教师需要缓慢而稳定地确保学习的真实发生。练习的机会应该被设计得如游戏一般。在优秀教师的指导下,儿童的学习不会是"死读书",也不会令人感到无聊和乏味。

教师主导的活动有时是非常适宜的。但是,如果只有这一种方式,那么很有可能会导致糟糕的教学。正如前文所述,教师主导的活动和儿童主导的活动之间保持平衡才是健康的、适宜的。所以,在继续讨论用游戏达到标准之前,我们先阐述一下直接教学。按照正确的理解,直接教学包含几个关键要素,即直接性和目的性,重点在于明确的目标和成功标准、提前承诺、榜样示范、提供丰富的练习机会，这可以将游戏用于一种教学手段。

学习结果

有哪些不同类型的学习是由直接教学与儿童主导的开放式游戏产生的？斯诺（2015）通过下图说明，这并不一定是一个两面性的问题，而是需要同时考虑教师和儿童的活动水平的问题。

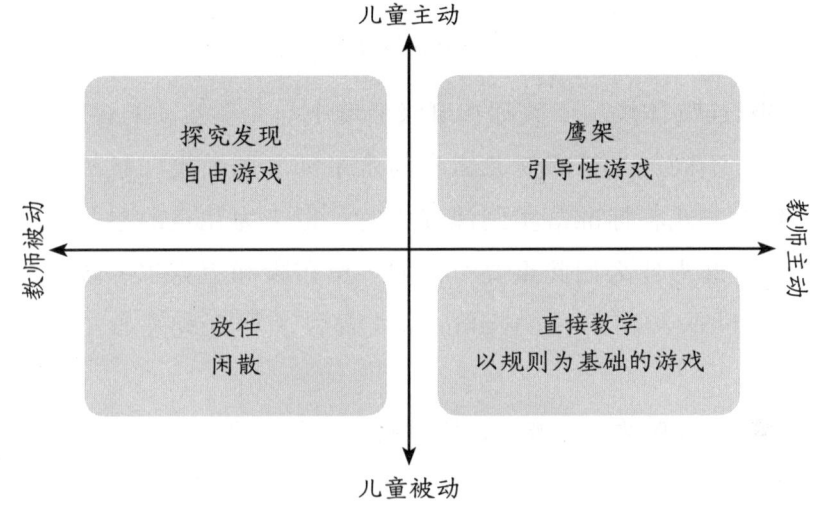

请注意，在探究发现、自由游戏与教师鹰架、引导的游戏中，儿童都是主动的。在直接教学中，儿童则是被动参与的，他们不能建构自己的理解或积极地应用技能和整合知识，只是被灌输新知识，只能倾听、观察或跟随，而不是自己主导。对年幼的学习者来说，最好的学习效果并不来自长期的直接教学或只用直接教学这一种方式。优秀的教师知道，要使用各种各样的教学策略和学习模式（Copple & Bredekamp，2009）。

下图展示了与儿童参与相关的教学策略（Gronlund & James，2008）。

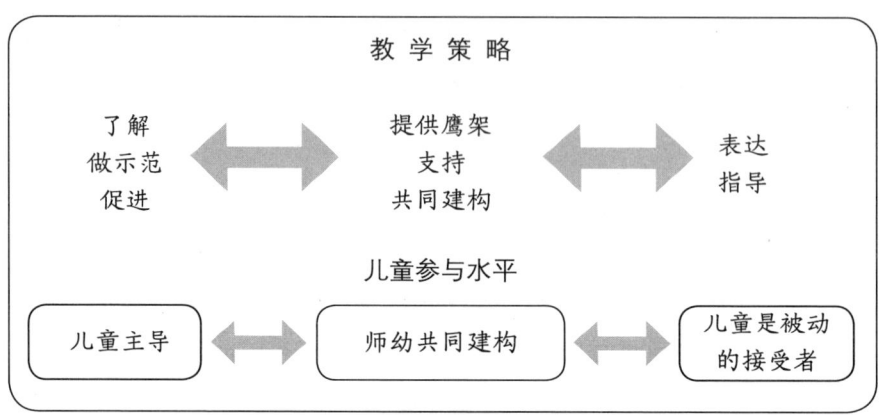

教学连续体

教学连续体展示了教师在班级活动中与儿童互动的多种选择，还体现了不同教学策略对儿童参与水平的不同效果。教师在讨论采用什么方式将标准落实到课程中时，也会为儿童的参与水平进行计划。这为什么如此重要？朱迪·贾布隆和迈克尔·威尔金森（Judy Jablon & Michael Wilkinson）提供了如下有关参与的观察记录。

> 从心理学角度来看，积极投入的学习者，其内在动机是好奇心、兴趣和乐趣，可能致力于实现他们的智力和个性化的目标。此外，积极投入的儿童会表现出专注、投入、热情和努力的行为……
>
> 让儿童被动接受、死记硬背和例行公事的教学往往是规则而不是其他（Yair，2000；Goodlad，2004）。因为儿童低水平的参与容易使他们处于具有破坏性行为、旷课甚至辍学的风险（Roderick & Engle，2001），提高参与度对于儿童的学业成功至关重要。（Jablon & Wilkinson，2002，pp. 1-2）

教师非常清楚，他们什么时候会对儿童失去兴趣。他们反映，儿童的行为问题越来越普遍，而且难以应对。儿童失去了学习的兴趣，教师也失去了教学的兴趣。真正的学习不可能发生在一个没有"与学习建立积极联系"的环境中（Jablon & Wilkinson，2002，p.2）。

在游戏中解决标准问题

教师该如何明智地规划游戏？如何有意识地将标准融入游戏，且不会消除活动中的趣味和快乐？在不把游戏变成直接教学的情况下，如何使学习对自己和他人可见？这里介绍以下两种在游戏中解决标准问题的方式。

1. 反思。
2. 有意识地计划。

让我们对每一种方式进行更深入的探讨。

反思

一位知识渊博的教师在幼儿园或学前班里会一直观察儿童所表现出的与标准相关的行为。当他观看儿童并和儿童共同参与高水平的游戏时，他会意识到儿童正在表现出他们在多个发展领域中所获得的知识和能力。

教师在与戏剧游戏区中的儿童交谈时，询问他们正在做什么饭或请他们列出购物清单，他可以从中发现儿童如何使用口头语言进行交流以及对于书写了解些什么。当他观察儿童是否能把一个红色的杯子假装成一个苹果，是否只有在篮子里有一个塑料苹果的情况下才能继续游戏时，他会了解到儿童抽象思维的发展情况。

> 他坐在正在玩水的儿童的身旁，观察他们如何调动多种感官探索水的特性、他们对测量的认识和理解，以及他们如何和其他同伴一起玩耍。

要想使观察有意义并确认所观察到的具体标准，教师必须规划一个反思的时间。很有可能是一天中快结束的时候，和同事进行例会汇报，也可能是找一个安静的时间，把自己对儿童的游戏观察记录下来。

客观地思考标准需要教师认真地观察儿童在做什么，并且对早期学习标准非常熟悉，还需要某种形式的反思，即与同事讨论或者把观察记录写下来。（Gronlund，2014，p. 14）

游戏活动与标准的关联在观察记录和报告中得以建立。教师对标准越熟悉，就越容易将两者建立联系。这并不意味着，教师需要记住每一条标准。相反，他们需要对标准中更宽泛的目标有清晰的认识。当他们观察儿童游戏时，可以问自己："我看到的哪些情况与标准设定的目标有关？"比如，教师看到儿童在玩拼图，能意识到拆解拼图和重新拼好拼图与几何知识、空间推理有关，都属于数学领域的知识。

温馨提示：标准的反思性整合不是指评估儿童能认识多少个字母，或者儿童能写出 0—20 中的多少数字。在小组活动中，教师能更容易地记录儿童的表现，从而也更容易达到那些非常具体的标准。游戏更适用于应用性标准。下面的表格列出了早期学习标准与《州共同核心课程标准》中便于观察的游戏区。

达到游戏区中的语言标准				
语言艺术领域	早期学习标准	《州共同核心课程标准》	游戏区	知识技能表现示例
口头语言表达	"为不同的目的而使用语言。"①	"在提示和帮助下,描述熟悉的人、地方、物品和事件,可以描述更多的细节。"	所有游戏区	• 与其他儿童交谈。 • 和教师交谈。
书写	"书写字母或像字母的图形符号代表单词或意思。"②	"结合绘画、口语表述和书写等方式将一个单独事件或一些毫无关联的事件组合成作品,其中包含观点、解释性信息或叙述性信息。"(结合三种)	书写区 艺术区 戏剧游戏区 积木区 感官桌	• 儿童书写名字。 • 儿童在艺术创作活动中书写名字。 • 儿童把书写当作戏剧游戏的一部分(菜单、收据、卡片、书信、电话留言、购物单)。 • 儿童把书写当作积木区的一部分(标记、地址、地图、蓝图)。 • 儿童把观察和记录当作科学探索和感官体验的一部分,尤其对学前班儿童来说,记录能帮助他们记住他们所观察到的内容和探索实验的步骤顺序。

---

① 出自《伊利诺伊州早期学习与发展标准》(Illinois Early Learning and Development Standards)。——译者注

② 出自《加利福尼亚州幼儿园学习基础》(California Preschool Learning Foundations)。——译者注

数学领域	早期学习标准	《州共同核心课程标准》	游戏区	知识技能表现示例
		达到游戏区中的数学标准		
排序和分类	"配对、排序、分类、连续摆放、根据一个或两个属性（形状、大小、颜色等）进行重新分组。"①	"按照一定的分类标准把物品进行分类，计算每个类别中物品的数量，按数量对物品进行排序。"	操作区 数学区 戏剧游戏区	• 儿童根据清晰的标准对物品进行排序和分类。 • 儿童用碗或盘子整理分类的物品。 • 儿童在串珠或利用各种物品进行设计时能够模仿或创造出自己的模式。
几何	"儿童将描述一些简单的几何形状（圆形、三角形、长方形和正方形），并指出它们相对于某个个体和其他物品之间的关系。"②	"分析并比较具有不同大小和方向的二维及三维形状，使用非正式的语言描述它们的相似点和不同点、部分（如边的数量、顶点或角的数量）以及其他属性（如边长相等）。"	积木区 艺术区 操作区	• 儿童用准确的语言描述积木的不同形状（正方形、三角形等）。 • 儿童对不同种类的积木进行排序和分类，观察它们的相同点和不同点。 • 儿童在搭积木时有意识地关注空间关系和位置。 • 儿童用各种形状创作拼贴画，并用形状模板进行绘画。

---

① 出自《亚拉巴马州4岁儿童学习标准：为终身学习做准备》(Alabama Performance Standards for 4-Year-Olds: Preparing Children "4" Lifelong Learning)。——译者注

② 出自《弗吉尼亚州早期学习基础模块：针对4岁儿童的综合标准》(Virginia's Foundation Blocks For Early Learning: Comprehensive Standards for Four-Year-Olds)。——译者注

有意识地计划

教师能够通过有意识地计划,将总体标准和具体标准整合到儿童主导的开放式游戏活动中。其呈现方式应该是某种书面文档,如课程计划或活动计划,对教师将要做的事情进行指导。

有意识地计划,需要以下四个步骤。

1. 明确要达到的标准。
2. 思考可提供的最好材料。
3. 选择可能的教师支持策略。
4. 决定如何收集评估信息。

让我们具体来看每一个步骤。

明确要达到的标准

教师在选择可通过游戏达到的标准时需要实用且现实一些。他们不需要额外增加忙碌的事务清单,如创编特殊的游戏或绞尽脑汁地寻找适合活动的标准。教师可以通过解决以下问题明确可以整合到具体游戏中的标准。

- 这条标准会在儿童主导的游戏中自然出现吗?
- 在游戏活动中,儿童会有很多种方式表现出与标准有关的行为吗?

如果其中一个问题的答案是否定的,那么这条标准就不是最好的,我们来看一看来自学前班的两个例子。首先,是一个失败的例子。

在每周的课程计划中,学前班教师安妮特别提到,在班级中长达1小时的调查时间里,她计划达到《州共同核

> 心课程标准》中涉及拼读的一条标准:"通过发出每个辅音的主要发音或常用的发音来示范字母与声音一一对应的基本知识。"
>
> 她计划在班级的不同游戏区(积木区、戏剧游戏区、操作区、艺术区)中与儿童进行互动,就儿童正在玩的事物和他们交流主要发音。周末,她和助理教师说:"我常常觉得,当我想让儿童做字母和发音对应活动时,我好像在干扰他们的游戏。有的儿童能回应我,但大部分儿童都溜掉了!他们可能把它看成测试,而不是游戏中的一种学习体验。"

安妮的计划为什么不能成功?她选择了一个在儿童的游戏中不会自然出现的标准。此外,她所需要问的这类有关字母发音的问题还是封闭性的,只能有一个正确的答案。儿童要么知道字母的主要发音,要么不知道。在涉及阅读和书写的小组活动中达到这一标准会更好,而不是在游戏中。

现在,看一个成功的例子。

> 在学前班教师马克的班级中,许多游戏区里都有可用的书写材料,鼓励儿童自由地使用这些材料以促进他们的游戏。另外,他还邀请儿童写一写他们的游戏,画一画他们创作的作品,描述它们,或者写一写他们在戏剧游戏中创造的场景。在为期几周的课程计划中,他确定了以下标准,当儿童在区角时间进行书写练习时,他可以观察儿童并与之互动。
>
> 在书写和口语表达中展示标准英语的语法和应用惯例。
> - 书写许多大小写字母。
> - 频繁使用名词和动词。

- 在共同的语言活动中造句或扩句。
- 在书写时示范标准英语的大写、标点符号和拼写的惯例。
- 句子中的第一个单词和第一人称代词要大写。
- 能识别和命名标点符号。
- 写出一个或多个字母来表示大多数辅音和短元音（音素）。
- 按照发音拼写简单的单词。
- 利用字母和发音的关联知识根据语音拼写简单的单词。

在儿童投入游戏中的书写活动时，马克不仅发现标准容易被看到并得以促进，而且书写作品也可以被当作样本保存在儿童档案中。

为什么马克的计划成功了？他思考，通过在班级的所有游戏区内营造一种书写的氛围来整合这些标准。他没有要求自己班级的儿童只达到一条具体的标准（如"书写许多大小写字母"），而是纳入很多与书写相关的标准，这一做法使得只会写大写字母的儿童也能成功地展示出他对其他书写标准的理解。

教师可以计划在一段比较长的时间内，将许多标准整合进儿童主导的开放式游戏中。他们可以看看班级里所创设的游戏区，思考哪里最自然地符合标准。有些教师可能会说："你应该在所有游戏区内达到所有标准。"我们建议有选择性地实施。不要强迫性地匹配，而是要认真观察每个区域。请仔细思考班级里的游戏区并制定匹配列表，以帮助你制订计划。同时，也要考虑计划一些可以产生额外收获的活动，如马克的书写样本。儿童可以创作非常棒的作品，以显示他们与标准相关的成就。

思考可提供的最好材料

教师一旦明确了将要在某种游戏中整合的标准，就需要思考为此而提供的材料。例如，如果标准与测量有关，那么教师将添加直尺、卷尺、码尺、米尺和天平等测量工具。这些工具很适合被用于解决与标准度量单位相关的测量基准问题。通过邀请儿童探索各种测量方式，教师可以介绍标准测量词汇，如"英寸""英尺""厘米""米""盎司""磅"。然而，如果目标是非标准测量，那么这些工具就是不必要的。儿童可以用其他材料进行测量，如绳子、一组连接在一起的积木或魔法方块，甚至是他们自己的身体。教师提供的材料，需要根据要达到的标准或基准的具体内容来决定。添加不同的材料、提供多种有助于展示儿童能力的方式，将是不错的主意。新材料也能激发儿童的兴趣，让他们积极参与，并提供一种吸引儿童到他们渴望的游戏区中的方式。

选择可能的教师支持策略

有意识地计划不仅包括选择目标和材料，还包括对教师支持的计划。当然，教师采取的很多教育策略都是在游戏开展过程中的瞬间决定的。然而，提前思考促进和强化游戏经验的方式，能使教师更有准备。在制订有关教师支持策略的计划时，可以问自己以下问题。

- 这是儿童熟悉的经验吗？他们已经知道哪些相关知识？他们过去有哪些成功经验？他们下一步准备做什么？
- 对儿童来说，这是新的经验吗？我需要向他们介绍和解释什么？他们在哪些方面可能需要我的帮助？我怎样才能知道什么时候退后或站到一旁，随时做好准备为他们提供帮助？

在后面的章节中讨论如何达到特定领域的标准时，我们将进一步描述需要考虑的有效的教学策略。

决定如何收集评估信息

有意识地计划的最后一步,是决定如何收集每名儿童与标准相关的表现的评估信息。教师如何收集这些信息呢?通过观察儿童的游戏,以某种方式记录这些观察结果,并将这些观察结果与标准联系起来。这是判断儿童知道什么、理解什么和能做什么的真实性评估,是最可靠的且信息丰富的评估方式。

作为学习者,儿童对知识、技能的习得具有差异性,日常表现差异更大。所以,学前教育方面的专业建议支持良好的评估实践,这一实践具有"持续性、战略性和目的性""包括教师对儿童的观察、访谈以及儿童的作品样本和儿童在真实活动中的表现"(Copple & Bredekamp,2009,p. 22)。尼斯沃思和巴格纳托(Neisworth & Bagnato,2004)对比了真实性评估与传统的评估。

> 真实性评估的核心是有效抽样。在真实性评估中,我们观察并获得有关儿童在自然环境和场合中表现的报告。让一个陌生的测试者坐在桌子旁使用闪卡、积木或珠子对儿童进行测试,并不能获得儿童在真实环境中表现出来的技能发展评估结果。显然,这样的传统测试忽视了对行为进行有效抽样的关键要求,而有效抽样有助于推断儿童技能的掌握、欠缺、熟练和应用的程度。在去语境化的环境中使用心理测量学中的测试项目,会导致有关儿童功能的偏差样本,这些样本测试产生的结果常常与儿童真实的表现大相径庭。(Neisworth & Bagnato,2004,p. 201)

当教师有意识地计划将标准纳入儿童主导的开放式游戏中时,他们也可以考虑以下几个问题。

- 通过观察儿童做什么，我才能知道儿童具备哪些与标准相关的知识和技能？
- 我是否可以通过与儿童共同设计提问技巧和对话来帮助我更多地了解儿童的理解能力？
- 我该如何记录观察结果？仅仅是做观察笔记吗？需要拍照、录像或录音吗？
- 游戏是否有助于儿童创作出我可以收集的作品？

将评估视为教师计划中的一部分来考虑，能使评估过程更容易实施。教师在计划活动或游戏支持时，应考虑特定的评估方式。例如，在餐厅游戏中收集儿童书写的菜单可以提供有关儿童前书写技能的信息。

总　　结

通过儿童游戏来达到标准是一项具有挑战性的任务，但它可以通过反思和仔细计划来完成。教师必须熟悉他们需要实施的标准，并且通过持续观察和反思来选择在游戏中融入标准的最佳教学策略。要有效地做到这一点，就必须考虑许多因素。

下一章将针对"如何确保游戏成为所有儿童班级活动的一部分"这一问题提供一些建议。

教师实施建议：在游戏中达到标准

你现在需要做的是投入与游戏和标准相关的反思和计划中。

- 回顾过去的一周，回忆你班里儿童的游戏活动。你认为，这些游戏活动的总体标准是什么？

- 看看你的课程计划，思考可以有意识地将标准融入儿童游戏活动的方式。

管理者实施建议：在游戏中达到标准

下次你在观察教师和儿童时要问问自己，是否每位教师都善于采用教师主导和儿童主导的教学方法。你如果觉得教师采用这两种方法都很吃力，那么可以做以下这些事情。

- 与教师交流，看看他们是否认同这两种方法的优缺点。
- 回顾未来几个月或下一年度你的职业发展日程表，你是否愿意学习和分享你认为重要的技巧？
- 思考成为有效的反思者和有目的的计划者，需要哪些能力？

第五章
让游戏成为所有儿童班级活动的一部分

争议性问题：教师和管理者如何满足每名儿童的不同需求？

托马斯·伦登：管理者的角度

学生群体日益多样化，给教师和整个教育体系带来了压力。儿童来自不同的家庭背景、具有不同的生活经验，对不同的教学方法也具有不同的需求和反馈。杰米·沃尔默（Jamie Vollmer, 2002）在《蓝莓的故事：教师给生意人上的一堂课》（Blueberry Story: The Teacher Gives the Businessman A Lesson）一文中提出一个有用的观点。他把学校和冰激凌制造企业进行比较。企业可以拒绝接收那些太小或过熟的蓝莓，但学校需要接受所有的学生。在教育领域，每个"蓝莓"都要被用来制作成冰激凌，教育者要做必要的工作帮助每名儿童获得成功。我们不要把多样性当作教师的一个麻烦，而要把它看作一个值得庆祝的机会和理由。每名儿童都可以成功。

盖伊·格朗兰德：教师的角度

教师们常说，当他们试图满足幼儿园或学前班里儿童的不同需求时，感觉像被拉扯。即使是在一群正常发育的儿童中，也会呈现出大量不同的发展能力、不同的生活经验、不同的学习风格和性格。当教师试图以一种全纳的方式实现个别化教育计划（Individualized Educational Program，IEP）的目标时，接纳有特殊需求的儿童对教师来说成为一种挑战。另外，美国的许多社区都有来自多元文化的儿童，他们说着不是英语的语言。教师必须对儿童的个体差异进行特别关注，才能使所有的学习者从学前教育中获益。

全纳所有儿童

今天的班级为日益多样化的人群服务，带来了新的挑战和机遇。人们希望教师能满足各种学习者的需求。我们认为，标准和游戏的结合可以帮助幼儿教师应对这些挑战。本章将提供全纳的观点，使拥有不同能力、文化和语言背景以及生活经验的儿童在学习中获得支持。

虽然适应个体差异是必要的，但将标准和游戏进行整合的策略有利于所有儿童。教师越能使儿童深度参与真实的游戏，就越能满足每名儿童的个体需求。当教师推动儿童主导的开放式游戏时，他们会发现这可以激发儿童个体的内在潜力。首要的是，所有儿童将从好的教学中受益，所以成为最好的教师可能是满足所有儿童个体需求的一个重要起点。知道如何将游戏和标准进行整合，则是满足儿童个体特定需求的最佳基础。

教师和管理者需要做一些重要的调整，以保证所提供的策略的有效性。哪些调整是必要的？应该如何实施？我们将对这些问题给出答案，其重点如下。

- 具有特殊需求的儿童
- 多元文化的学习者

- 双语学习者
- 其他有可能阻碍游戏的个体差异

具有特殊需求的儿童

让我们首先探讨，如何将有特殊需求的儿童全面纳入常规教育课堂中。美国《残疾人教育促进法》（Individuals with Disabilities Education Improvement Act，IDEA）阐述了全纳问题。

> 在适当的最大程度上，让残疾儿童，包括那些在公共机构、私人机构或其他护理机构中的儿童，和其他正常儿童共同接受教育；残疾儿童只有在残疾的性质或严重程度使得他们在正常的班级中难以使用辅助器具和公共设施以取得满意效果时，才会被安排进入特殊班级、接受单独教育或从正常的教育环境中转走。（IDEA，2004，sec.300.114）

作为一项政府法规，这一点表述得非常清楚。所有儿童都应该被包容，而举证责任落在那些不想包容儿童的人身上。

全纳尽管不是新问题，最近几年还是受到人们越来越多的关注。2009年，美国特殊儿童委员会早期教育分会和全美幼教协会发布了一份意义深远、热情洋溢的立场声明，即《早期全纳教育》（Early Childhood Inclusion，DEC/NAEYC，2009），表明全纳是所有学前教育机构都应该采用的一种方式。该声明阐述全纳由三条原则驱动，分别是：获得机会、参与和支持。这三条原则应该成为教师判定他们是否真正包容班级里所有儿童的基准。这些原则还可以被用来评估幼儿园和学前班的游戏。教师可以问自己以下问题。

- 所有儿童都能获得所有游戏机会吗？
- 所有儿童都能完全参与游戏吗？

- 需要哪些额外的支持以确保儿童获得游戏机会并完全参与游戏？

如果游戏是所有儿童活动中重要的一部分，那么支持所有儿童的参与是必要的。游戏对每名儿童都有益，且与能力无关。

全纳教育理念下，对接受个别化教育计划的儿童来说，许多学前教育机构都有混合的班级和"限制最少的环境"。教师必须规划方法，使有特殊需求的儿童充分参与班级活动，并向儿童提供他们有权享受的"特殊教育"。接下来是教师在支持有特殊需求的儿童时需要注意的一些重要做法。

1. 营造包容的班级氛围。
2. 为儿童的充分参与而设计支持和调整方式。
3. 遵循美国特殊儿童委员会早期教育分会推荐的早期干预/早期特殊教育的实践指导建议（DEC，2014）。

我们相信，通过以上做法，教师能够实施本书所阐述的有关游戏和标准的建议。让我们分别来看一下吧。

营造包容的班级氛围

营造包容的班级氛围意味着花时间建立一种班级共同体，所有儿童无论能力如何在这里都能受到欢迎和支持。这不仅意味着教师的行动和计划，还包括他们在儿童中营造的氛围。教师要创造出一种共同体的归属感，让儿童产生共同的集体身份。每一天，他们都要向儿童强调以下内容。

- 彼此关照。
- 练习交朋友。
- 对彼此的成功负责。

不论儿童有无残疾，这样的做法都会使儿童受益。

为儿童的充分参与而设计支持和调整方式

当思考儿童的游戏活动时，教师会关注有特殊需求的儿童是否与其他儿童玩得一样多并有同样多的玩法。教师需要设计支持和调整方式，以使每名儿童都尽可能地充分参与，举例如下。

一名患有自闭症的儿童无法与同伴有效交流。她看到其他小朋友都在参与戏剧游戏，但自己没有参与。观察到这些情况，教师提出了一个关于这名儿童的发展目标：参与他人的游戏。于是她和同事、这名儿童以及其他儿童一起游戏，以支持这名儿童更多、更好地参与游戏。教师或许需要尝试以下策略。

- 指导儿童如何参与游戏。
- 指导正常发育的儿童如何邀请和接纳其他儿童参与游戏。
- 为儿童提供鹰架和帮助，使其成功参与。
- 当儿童的交流能力和方式不同时，向所有儿童示范彼此互动的方法。

已有研究表明，在游戏情境中让同伴提高有特殊需求的儿童的技能大有好处（Strain & Hoyson，2000）。

遵循美国特殊儿童委员会早期教育分会推荐的早期干预／早期特殊教育的实践指导建议

教师可以遵循美国特殊儿童委员会早期教育分会制定的针对有特殊需求的儿童教育工作的指导方针。

早期教育分会的实践建议为教育从业者和家长提供指导，以最高效的方法改善儿童的学习效果，促进5岁以下具有发育迟缓或残疾风险的儿童的发展。（DEC，2014，p. 2）

贯彻实施早期教育分会的实践指导建议，从个别化教育计划开始。

> 个别化教育计划是为满足儿童个性化需求而设计的书面教育计划。每名接受特殊教育服务的儿童都必须拥有个别化教育计划。（Center for Parent Information and Resources[①]，2013）

我们所说的游戏和标准之间的关联，或许同样适用于游戏和个别化教育计划。大多数州都要求个别化教育计划的编写要反映标准中的目标，这样有特殊需求的儿童就可以和正常发展的儿童获得同样的课程及标准。教师能够将游戏和个别化教育计划中的儿童发展目标联系起来，就像他们把游戏和特定或有针对性的标准联系起来那样。他们能依据个别化教育计划，思考如何通过增加材料、改变环境以及使用分组策略等方式实现目标，在游戏活动中为有特殊需求的儿童提供支持。

多元文化的学习者

除了对全纳和混合班级的重新关注，人口结构变化也带来了幼儿园和学前班的人数变化。美国的族裔正变得越来越多样化。人口学家指出，到2045年，美国人口将从白人占多数转变为非白人占多数（Colby & Ortman，2015）。如果你只看8岁以下儿童的数量，那么这个转变或许将提前5年发生；如果考虑的年龄范围是0—5岁，那么这个转变会更快。年幼儿童是美国族裔多样性增长的主要推动力。全国各地的学前教育机构的班级首先感受到这些变化。

多元文化的班级，这一挑战促使教师拥有文化回应等能力。这对于实施以游戏为基础的学习策略与教育工作者的其他职责一样，

[①] 即美国家长信息与资源中心。——译者注

都是如此。游戏存在于所有文化中，所以教师应该对游戏的文化相关性保持敏感。可能并非所有儿童都熟悉乐高和橡皮泥。在社会性戏剧游戏中，儿童可以重演他们的生活经验，或许需要与班级中当前不一样的环境、服装和家具等。

特里·格罗斯（Terry Cross，1989）和他的同事描述了所有个体和组织在跨文化环境中高效工作所需要具备的以下五项关键能力。

1. 重视多样性的能力。
2. 进行个人文化自我评估的能力。
3. 应对差异的动态变化的能力。
4. 获得和运用文化知识的能力。
5. 适应多样性和社区文化背景的能力。

这五项关键能力可以通过训练和练习得以加强和保持，从而为教师教育具有多元文化背景的儿童提供宝贵的基础。

重视多样性

第一项能力是呼吁教师对人类家庭的复杂性深入研究。这涉及我们要转变的一种观念，即不要把差异当作问题，而是把差异当成好事。具有文化能力的人喜欢差异。他们欣赏每名儿童的与众不同、独一无二。他们拥抱差异，把差异当作一种激发自己学习更多知识技能的机会，使自己成为更好的教育者。想象一下马赛克图像，成千上万的碎片被组装起来，呈现出一幅美丽的图画。每位教师和管理者都可以把班级看作一件美丽的艺术作品。他们可以让差异成为为所有存在方式进行庆祝、赞叹、惊奇和享受的原因。

就游戏而言，重视多样性意味着学习欣赏儿童使用材料和参与游戏的多种方式。这一点在儿童主导的开放式游戏中尤为明显。儿童主导的活动能够产生很多不同的发展方向，因为班级里有很多儿童。看到意料之外的事情会令人兴奋。要学着珍惜每名儿童带来的游戏活动。这种更加重视多样性的转变不是策略方面的改变，而是观念上的转变。要坚持这种态度——放弃我们对儿童进行评判和区别的自然倾向，坚持期望——我们相信，儿童的经历将给他们带来新的力量和价值。

进行个人文化自我评估

发展第二项能力，意味着了解自己。进行自我反思，并思考下面几个问题。

- 你自己的文化背景是什么？
- 你在哪里长大？谁抚养了你？
- 你的教养经历如何塑造了你的价值观、信仰、语言、习俗、实践、表达、思维方式以及交流方式？

教育者只有了解并欣赏学生的文化，才能真正欣赏他们及其家庭的文化。

这种能力有以下两个维度。

- 接纳和重视自身的文化及背景。
- 理解自身视角的局限性和相对性。

不是每个人都有过你的经历，也不是每个人都能认同你的价值观或信仰。不是每个人都能理解你的语言和习俗，也不是每个人都能欣赏你的习惯、做法和表达方式。你如何看待游戏？请思考下面的几个问题。

- 我看重游戏的什么？
- 我的观点来自哪里？
- 我的哪些早期经验塑造了我如今对游戏的态度？

- 我当前的态度如何影响我在班级里所见到的一切?
- 我当前的态度如何影响我对自己所见的解释?

了解你自己对事物的感受,会让你更容易拥有成为敏锐观察者所必需的开放的心态。你将以一种更宽广的、更少挑剔的视角看待儿童游戏。

应对差异的动态变化

第三项能力,是处理由差异产生的不可避免的冲突的能力。我们大多数人都逃避冲突。有文化适应能力的人反而期待冲突,而且知道如何利用冲突,将其视作增长智慧、培养情感和社会能力的机会。高效处理冲突需要具备特定的沟通技能,在情绪激动的时刻理性思考,站在他人的角度换位思考。你如果不能很好地处理冲突,就会变得失控,所做出的努力也将付之一炬。像所有技能一样,处理冲突的能力也是通过不断实践才得以学习和完善的。

具有文化能力的教师和管理者知道如何应对差异的动态变化,意识到整个游戏过程中都有可能发生冲突。这项能力包括冲突解决、重整局面,从而使实现双赢成为可能。即使是在成年人和儿童之间,这些能力在具有文化差异的情况下也是必不可少的。

获得和运用文化知识

这项能力是指有意识地努力了解班级里的不同文化。这种知识具有宝贵的价值,可以帮助你做出调整,以使游戏活动更适合儿童。比如,有些家庭可能听说过极度饥饿的年代,如果儿童看到感官桌上的大米像沙子一样被舀或被倒,他们就可能感到困惑。只有了解儿童及其家庭的历史和经验,我们才能敏感地注意到班级里普通的事物在不同儿童的眼中是怎样的。

有文化能力的个体会有意识地寻找班级里展现出来的文化信息。他们会花时间了解儿童的每个家庭成员。他们喜欢儿童的什么？他们的家人如何在一起获得乐趣？教师知道，如果他们了解这些信息就会成为更好的教师。或许已有研究或互联网有助于教师查找特定的种族或民族文化，但最好的信息资源是家庭本身。

与获取知识同等重要的，是运用知识。知识能够改变实践和计划。它将帮助你了解如何明确学习目标，设置游戏区域，为儿童设计具有挑战性的游戏活动，并对他们的游戏进行反思。它还将帮助管理者重新思考机构的规定，使其能更灵活地满足多样化家庭的需要。

适应多样性和社区文化背景

当教师和管理者运用他们在与儿童及其家庭接触过程中获得的知识时，他们会发生变化并调整自己的实践。这项能力始于对改变持开放的态度，会优先考虑与机构中儿童及其家庭的需求相适应的实践。管理者可以邀请家长参与计划或咨询小组，重视他们的观点，并表明愿意认真倾听，采纳他们的建议。

在游戏背景下，适应多样性也许意味着付出特定的努力去了解家庭的游戏经验。教师可以发放调查问卷或与家长进行沟通，提出以下问题。

- 儿童在家庭中喜欢玩什么游戏？
- 家庭里受欢迎的游戏有哪些？
- 父母或其他家庭成员小时候是如何玩耍的？

这些信息对于教师规划反映不同文化的游戏区和活动是有用的。可以邀请家长推荐或借出对他们来说独特的游戏物品。儿童喜欢熟悉的事物，也喜欢与其他儿童分享如何使用它们。

这里有一些将多元文化融入游戏活动的建议。

- 接纳父母或其他家庭成员愿意分享的代表他们文化的物品。不要假设它们是什么。让家长自己决定，告诉他们，你希望他们的孩子能够看到熟悉的物品，使他们感觉像在家一样，这样班级便能反映他们的背景。
- 你如果发现一个好的游戏或游戏材料是班级里某些儿童所处文化的一部分，就可以花点时间了解材料或游戏的准确名称并使用这些名称，儿童就能够将家庭游戏和班级里的游戏联系起来。
- 游戏活动很容易被组织成主题探究或者项目，包含图书、增加了新材料的传统游戏区、特殊的艺术项目和实地考察。研究为儿童提供了很多机会，帮助他们在使用中将英语和母语中的词汇建立联系。考虑选择儿童普遍感兴趣的主题，如帽子、雨、房子和情绪。例如，不同文化里有很多不同种类的帽子。研究可以借助带有照片的图书进行扩展，如著名作家安·莫里斯（Ann Morris）的《帽子，帽子，帽子》（*Hats, Hats, Hats*, 1993），还可以收集有趣的帽子，将其放到装扮区，从而激励儿童开展不同种类的游戏。

双语学习者

语言多样性给文化多样性的动态变化赋予了交流方面的挑战性。双语学习者走进班级可能只说母语，或者说一点英语，或者说很多英语。儿童年龄尚小，还需要学习母语中的很多东西，同时也可能正在学习英语。令人欣慰的是，他们正处于人生中学习双语的最佳时期，因为他们的大脑此时已做好了准备去吸收他们流利使用两种语言所需要学习的东西（Brynie，2010）。

游戏是学习语言的一种重要策略。然而，这些新的英语语言学习者显然不如那些以英语为母语的学习者能更流利地表达，所以游戏中的交流有时会成为一种障碍。双语学习者可能会因语言的局限性而被英语游戏小组排挤，或者不能充分互动。他们可能需要说他们母语的教师的帮助。即使教师不会说儿童的母语，以下建议也可以被用来满足双语学习者的独特需求。

- 支持双语学习者发展的最好方式，是使用你给所有儿童提供的读写指导。当你通过游戏促进儿童的表达性语言和感受性语言以及读写技能时，这些练习会对双语学习者十分有益。

- 确保家庭成员理解儿童保持母语的重要性。鼓励他们和孩子使用母语分享故事、唱歌，给儿童讲述他们小时候是怎么玩耍的。即使儿童已经非常熟练地使用英语甚至喜欢说英语，也要鼓励其家庭成员坚持使用母语。

- 鼓励家庭成员和儿童一起玩耍，在玩耍中使用母语进行沟通。特别强调，要使用歌曲或表情进行游戏，因为这些游戏涉及语言的使用。

- 让儿童接触那些说英语清晰、准确的人。每个一起玩耍、示范、鹰架、支持的机会都有助于儿童的英语语言交流。

- 让班级环境中的印刷品（标签、标志、海报）带有英语和其他母语，尽可能用照片或图画来说明标签、标志和海报的信息。

- 提供一个稳定实施的日程表，上面呈现可预测的过渡环节，有助于儿童在不理解共同语言的情况下了解班级常规。在表格里清晰地标出游戏活动的具体时间、游戏之间的过渡环节，有助于双语学习者更好地参与和投入。如果有必要，还可以使用儿童的母语向儿童及其家人解释这个表格。

- 尽可能支持双语学习者在游戏活动中的参与。这可以为儿童在有意义的情境中倾听和使用与其感兴趣的主题相关的丰富多样的语言提供很多机会。

不论儿童的母语是什么，游戏都对儿童有好处。支持双语学习者的循证策略，能够容易地与本书中将游戏和标准联系起来的建议进行结合。理解挑战的基本要素，不论儿童的母语是什么，都要强调良好的教学指导，认可母语并尽可能地把它融入日常活动，努力确保儿童的充分参与，是使这些实践对双语学习者有效的关键方法。

其他有可能阻碍游戏的个体差异

正如我们在本章反复强调的，核心问题是如何确保所有儿童都能够参与游戏活动。有些儿童的生活充满了阻碍他们成功投入游戏的挑战。为了将游戏和标准联系起来，使用以游戏为基础的课程路径，教师需要发现和解决每名儿童的个性化问题。

一些儿童还从未体验过儿童主导的开放式游戏。他们在家里没有丰富的高质量玩具，可能也不清楚如何最好地使用幼儿园和学前班里的积木区。建构游戏可能是一种新的体验，需要教师更多的指导和示范。一些儿童没有机会旅行、度假、参观博物馆或去图书馆，或者看戏剧或音乐会。经验的匮乏可能反映为，他们正试图参与的戏剧游戏场景中的故事情节有限。教师需要做好准备帮助他们建构家庭经验，并通过调查和专题研究扩展他们的视野。

对于这类儿童，要借助新的经验代替他们缺失的经验，以下是一些备受推荐的教学策略。

- 把游戏阶段性地当作一种新的体验介绍给儿童，清楚地教给儿童如何使用不同的物品、如何利用材料。
- 只有当儿童掌握技能并能独立自信地参与游戏时，游戏才能是儿童主导而不是教师主导。

- 支持儿童和更多有经验的游戏者搭伴玩耍。一个简单的邀请就够了："巴勃罗，你可以向凯莱布展示你用这些小汽车在做什么吗？"

一些儿童生活在长期承受压力的家庭环境中。父母劳累过度、心烦意乱或情感疏忽，会使儿童缺少安全感、依恋和爱。有些儿童在家庭的混乱中度过每一天。他们可能是身体和精神虐待、长期忽视、母亲患有严重且持久的抑郁症、父母持续滥用药物、在家庭或社区中多次遭受暴力的受害者或目击者。压力实际上会改变儿童的大脑结构。它的发展侧重于面对压力时进行战斗还是逃跑的反应，而不是大脑中控制学习、记忆和自我调节等区域的发展（National Scientific Council on the Developing Child①，2007）。拥有这类生活经验的儿童，常常发现自己难以参与高质量的持续游戏活动中。他们缺少集中注意的能力，常常在游戏中迷失自我。他们变得喜怒无常，无法控制自己的情绪。他们对于挫败和冲突反应过激，有时伴随扔、打或咬的行为。这些使他们成为可怜的玩伴。

具有挑战性行为的儿童，不论他们以往的经历如何，都很难进入游戏。令人难过的是，难以完全投入游戏使这些儿童也无法从游戏中获得平静和快乐。换句话说，他们不能获得他们最需要的东西。

教师在管理者的帮助下，应该采取紧急且具体的行动来解决这些问题。教师和其他人组成的团队应该分析这些挑战性行为发生的环境，从而清楚地理解那些对游戏参与造成阻碍的行为动机是什么。这个团队可以从关注儿童行为反复出现的时刻开始，比如，他们发现一名儿童正在努力参与游戏。或许是因为他不能集中注意，或许是情绪糟糕。这个团队应该通过制定策略提出替代行为或替代技能，

---

① 即美国国家儿童发展科学委员会。——译者注

并教授这些技能，使儿童能够成功参与游戏（Fox & Duda，2017，p. 19）。要想使儿童成功地游戏成为可能，发现和阐明儿童需要什么是非常重要的。这样的解决方案从来都不容易判定，管理者在确保教师受到校外专家的支持以寻找成功的解决方案这一过程中发挥着重要作用。

让儿童有效地管理自己的感情和行为，需要教师的不断支持、鼓励和耐心。重要的是，不要让行为障碍阻止儿童游戏。把儿童的充分参与作为目标，将他们游离游戏之外的时间快速降低到最少。如果游戏对儿童的学习有利，那么任何阻碍儿童参与儿童主导的开放式游戏的障碍——不论是在课堂上拒绝游戏的错误政策，还是儿童的环境和行为——都应被扫除。如果想让班级中的所有儿童都平等地分享游戏的价值，就要让所有儿童都参与其中。

总　　结

全纳并确保儿童普遍地参与游戏，意味着对儿童带到班级的所有差异给予关注。面对这些差异的关键，在于承认它们、理解它们，并且拥抱它们，同时要有意识地努力消除由差异产生的游戏障碍。教师和管理者应共同努力，创建包容的文化，使每名儿童都受到欢迎和支持，最终获得成功。

教师实施建议：全纳与游戏

你现在可以做的是思考自己班里的包容性，以及儿童在儿童主导的开放式游戏活动中的成功参与。

- 你如何为所有儿童营造一种欢迎的、接纳的气氛？
- 你如何支持儿童充分参与儿童主导的开放式游戏？

- 你将尝试采用本章中与有特殊需求的儿童、有多元文化背景的儿童、母语非英语的儿童、产生游戏障碍的个体差异等方面有关的哪些建议?

管理者实施建议：全纳与游戏

有句老话说：管理是正确地做事，领导则是做正确的事。全纳是我们要做的正确的事，因此它需要管理者领导而不仅仅是管理。可以通过以下做法来强化你的领导力。

- 阅读有关领导力的图书。
- 回顾你所在区域或机构中有关全纳和平等的规定，在决策前考虑规定是否坚定且明确地表达了每名儿童的需求的重要性？它们是否致力于未来多元化劳动力的培养？是否有可以为平等和全纳实践提供坚实基础的示范性规定？
- 看看你所管理范围内儿童的数据结果，按族裔、英语语言学习者和个别化教育计划进行区分，是否存在明显差异？所有教师都知道吗？你会有哪些不同的做法？
- 通过额外的培训和课程学习获得更多有关文化能力的知识和技能。

第三部分

理解和力量

从第六章到第十二章,我们将开始埃伯利游戏循环的两个新步骤:理解和力量。对于埃伯利对"理解"的描述,布朗总结如下。

- 获得新知识
- 综合概念
- 融合新观点(Brown,2009,p. 19)

理解是游戏的关键回报,因为它能带来情感和智力两方面的好处。游戏帮助儿童了解自己,理解自身能力以及周围世界如何运行。儿童在没有理解的情况下死记硬背,就不能有效地运用知识。如果缺乏理解,那么整个教育就是失败的。埃伯利说,理解带来力量,他在描述游戏循环的这一步时提及以下特征。

- 掌控力,来自建设性经验和理解
- 赋权,更多地了解世界如何运行(Brown,2009,p. 19)

力量是我们获得新知识时伴随增长的能力。游戏使我们更有能力,给我们机会重复已有经验,练习技能,巩固理解,并开始新的学习,尝试一些新的、不一样的事情。

这几章将从关于游戏和标准的一般对话转向分享实用的实施

建议。我们想帮助教师获得更多能量,也相信知识就是力量。拉尔夫·沃尔多·爱默生①(Ralph Waldo Emerson)写道:"做事的技巧来自做;知识来自总是睁大的眼睛和实践的双手;没有什么知识不是力量。"(Emerson,2007,p. 162)

第六章到第十二章着重阐述了"实践的双手",为前几章的建议提供了动手实践和实际应用方面的信息。每一章聚焦于一个特定的领域:学习品质(第六章)、语言和读写(第七章)、数学(第八章)、科学(第九章)、社会研究(第十章)、身体和动作发展(第十一章)、社会情感发展(第十二章)。

基于爱默生"总是睁大的眼睛"这一观点,我们鼓励读者以开放的心态和敏感的意识阅读这些章节,明白在教学时每一刻都是教授和学习的机会。当教师警觉且敏感时,他们所惠及的每名儿童的能力都会提高。他们会成为更强大、更有能力的教师,更加了解自己所教的儿童以及神秘的学习过程,能够在瞬间做出决定、提出正确的问题、了解儿童到底需要什么能力才会学到更多。

我们希望这些章节中分享的观点同样能帮助管理者更清晰地认识到,以游戏为基础的教育方式与标准进行整合所具有的重要意义。我们相信,他们将看到那些能够成功地吸引年幼学习者的教师,以及学习效果有所改善的年幼学习者。

概述第六章到第十二章

每一章都将提供将游戏和具体的特定领域标准相结合的观点,所有章节所表达的总体观点应该被牢记在心。

- 知道游戏可以同时达到多个领域的许多标准。

---

① 美国散文作家、思想家及诗人。——译者注

- 重视学习标准的组织结构和语言表述。
- 了解避免狭隘、僵化的课程方法的重要性。

游戏可以同时达到多项标准

虽然我们将标准作为不同领域内容的独立集合进行呈现，但我们认识到，在儿童主导的开放式游戏活动中，教师很少单独观察某条标准相对应的情况。相反，在儿童游戏时，教师看到他们总是表现出多个领域的发展标准，举例如下。

> 两个孩子正在玩橡皮泥，他们把橡皮泥拉、捏、卷做成各种饼干，并一起交流讨论。他们来回传递滚筒和切刀，以分享材料，对他们创造出来的形状进行命名。他们数完成的饼干数量，比较谁做得多或少。在整个游戏过程中，他们或者哈哈大笑，或者咯咯地小声笑。

在这个游戏活动中，可以观察到以下领域和标准。
- 精细运动：眼－手协调
- 语言：与他人沟通、词汇
- 社会情感：分享、合作、建立友谊
- 数学：认识形状、计算、比较数量

儿童在游戏时会整合他们的技能和能力。事实上，他们运用技能和知识的能力标志着重要且复杂的成长。出于方便，我们按照领域组织了后面几章，希望通过聚焦不同的领域，教师能够准确地注意到儿童是如何成长、如何学习的，也希望教师能够意识到：儿童实际上同时以多种方式学习和成长。

如果同时出现多条标准，可能会让人不知所措。我们的建议是，不要对抗这种复杂性，而要把它视为一种好处。

游戏给教师提供很多机会，观察儿童如何展示他们知道什么和正在做什么。当教师观察、干预或者支持和激发新的游戏时，他们能够思考儿童涉及了多少领域，而不是只想到一个领域或一条标准。这不是指用标准驱动游戏，而是游戏应该推动标准在活动中的实现，或者如盖伊所说："让标准活起来。"

如果标准真的在课程计划和实施中"活"起来，管理者就会更清晰地观察到它们。在日常课程中嵌入的适当评估，将表明儿童正在学习。管理者将不再依赖不适当的评估去确定儿童是否达到标准。

了解标准

一个便捷的方式就是尽可能地熟悉标准。通过熟悉标准，教师可以对儿童的经验进行归类，并将其与相应的具体标准建立联系。但是，了解标准并不总是那么容易。早期学习标准与《州共同核心课程标准》包含很多内容，同时清晰地锁定所有内容几乎不可能。我们的建议是研究它们，通过问如下问题来了解它们的架构逻辑。

- 领域是什么？
- 分支和集群是什么？
- 具体的基准是什么？

我们已经发现，尽可能多地关注标准的结构就像关注标准本身一样有用。许多州的早期学习标准包括介绍章节，描述它们是如何架构的，怎样可以最好地理解它们。《州共同核心课程标准》中的语言艺术和数学部分同样有介绍性内容。不要忽视它们，教师认真阅读，就能深入地理解标准及其背后的架构原则。

有些州制作海报或编写简明的文件以概括性地陈述早期学习标

准，方便人们快速浏览，一目了然。在此辅助下，把它们张贴展示出来，或者录入计算机，或复印一份贴在计划书的背面。这样，教师就会在大脑中形成图像，想象不同的标准适用于哪里，它们之间如何相关联，从而提出自己的标准。我们不是建议教师记住每一条标准，但是心理地图越清晰，就越能包含更多的内容，也更容易将游戏和标准联系起来，使游戏保持真实、儿童主导和开放的特点。

避免狭隘、僵化的课程方法

人们很容易认为，达到标准的唯一方法是计划活动，甚至是有趣的活动，但这些活动聚焦于孤立的、离散的基准上。在游戏中落实标准，不意味着窄化或僵化地区分课程或者教学方法，相反，游戏活动提供了机会，让儿童体验复杂多样的多层次活动。与其把活动设计得不自然、浅显、狭隘、过于简单或者对儿童没有吸引力，不如建议教师设计那些能够让儿童在复杂、丰富的情境中获得成长的活动。确定的基准仍然是关注的重点，但在一个好的游戏活动中，当儿童深入参与游戏活动时要有多种方式展示基准。通过这种方式，教师可以观察到儿童正在学习什么——他们所期待看到的和意外发现的情形。接下来几章的示例，将为这些丰富的游戏活动提供制订计划的建议。

充分利用后面几章中的示例

从第六章到第十二章，我们并不试图达到早期学习标准与《州共同核心课程标准》中的所有标准和基准。相反，我们从各州早期学习标准、语言艺术和数学方面的《州共同核心课程标准》以及其他标准中随机挑选了四项标准，希望教师和管理者明白，这些示例同样适用于其他标准和基准，提醒读者要结合儿童的年龄来思考标准。

- 对于幼儿园儿童（3—5岁）：参照早期学习标准
- 对于学前班儿童（5—6岁）：参照《州共同核心课程标准》或其他挑选出来的标准

我们提供的将标准整合进游戏活动的示例，在适当的情况下会适用于幼儿园和学前班的儿童。我们相信，教师和管理者将看到这些示例，并进行调整，使其更好地与自己所教的儿童相匹配。它们可能需要被简化，或者需要更复杂、更具挑战性。教育儿童是一个持续不断的适应性行为。希望我们的观点能够激发你思考，如何在游戏中达到标准。

在每一章的最后，我们还提供了来自幼儿园和学前班的游戏活动场景，通过讲述一个成功实践的故事，展示在高质量游戏中通常所发生的事情的丰富性。表格和游戏场景提供的示例旨在说明特定的标准如何通过游戏得以落实，并激发和鼓励教师的创造性，让他们用自己的方式将标准和游戏联系起来。我们感兴趣的是培养教师的能力，使他们能够思考标准，并把标准和游戏设计、游戏情境相匹配，从而促进真实的游戏活动。

对于教师和管理者，最重要的任务是在自己的机构中将游戏和标准进行整合。他们能够做到这一点，有赖于他们利用自己已拥有的有关自身的教学优势、所处的物理环境、所教儿童的优势和需要方面的知识。

第六章
在游戏中达到学习品质标准

我们从具体的领域开始阐述一系列章节,其中一个领域是儿童在学校取得成功的基础:学习品质。正如我们前面所指出的,儿童主导的开放式游戏有助于发展儿童的执行功能和学习品质。这是丰富的游戏活动对于儿童颇为重要的好处之一。每个人都认为,在幼儿园和学前班里,儿童正在学习很多概念和技能,但最重要的是,他们也在学习如何学习。研究表明,如果学习品质这一领域没有得到很好的发展,儿童进入小学时可能不会取得学业上的成功。

有研究发现,积极的学习品质与儿童的学业成就密切相关。比如,一项研究表明,注意力、坚持性、学习热情、学习独立性、灵活性以及条理性比较好的儿童,普遍在学前班这一学年年尾和小学1年级开始时在读写和数学方面表现得更好。另外,那些用积极的学习品质处理学习任务或新情况的儿童,能更好地管理他们的学习活动,更快速地获得一般知识和认知技能。(Conn-Powers,2006,p.2)

游戏如何支持和发展儿童的学习品质?
- 高水平游戏能够让儿童全身心地投入。
- 游戏使儿童追随自己的好奇心,并进一步探究。他们常常问自己:"这是怎么回事?我该怎么弄明白?"
- 游戏是愉悦的、有价值的,所以儿童总是想要继续玩下去。

因此，不论是和材料有关还是和同伴有关，他们都要努力解决游戏中产生的问题。
- 他们在面对挑战、克服挫折和创造新策略时发展毅力，使游戏获得成功。

美国大多数州的早期学习标准都包含这个领域，或者把它单独作为一个领域，或者将其纳入社会情感领域。在《肯塔基州早期教育标准》（Kentucky's Early Childhood Standards）里，学习品质被确认为是入学准备的一个重要维度，而不是一条具体的标准。

学习品质标准承认，所有儿童对学习经验都有不同的兴趣和态度。一些儿童在探索方面表现得更自信，在游戏中展示出更多的好奇心和自然参与。任何儿童都必须拥有与他们的兴趣相匹配的学习机会，使他们感到自在和安全，从而进一步探索、尝试，寻求帮助并最终掌握新的技能或概念。（Kentucky Governor's Office of Early Childhood，2013，p. 5）

我们发现了一些旨在培养儿童学习品质的文件。特别高兴的是，我们发现在两份州标准中，游戏和学习品质相关联。《马萨诸塞州幼儿园和学前班标准》（Massachusetts Standards for Preschool and Kindergarten）把这个领域叫作"游戏和学习品质"，《宾夕法尼亚州早期学习标准》（Pennsylvania Learning Standards for Early Childhood）的第二版把它叫作"通过游戏学习"。

本章将重点阐述这个领域中普遍包含的分支。
- 好奇心 / 主动性
- 坚持性
- 专注力和参与
- 问题解决和创造性思维

我们坚信，任何高水平的游戏活动都有潜力帮助儿童使用并发展他们的学习品质。然而，我们认为，仅仅说"所有游戏"没有什么实质意义。我们会为幼儿园和学前班提供与不同游戏区域相关的具体观点和建议，并将它们与学习品质的上述四个分支联系起来。这四个分支也存在交叉的情况。在一些州标准中，"注意"和"坚持性"常被归为一类。在其他州的标准中，"问题解决"与"好奇心和主动性"有关。我们觉得，这四个分支非常重要，在游戏中可以分别观察它们。

本章将针对该领域的每个分支都提供标准示例，并探讨将其融入儿童主导的开放式游戏活动中的方法。首先，我们建议你观察整个活动室里游戏中的儿童，思考你所观察到的与特定标准相关的情况。然后，建议教师通过增加材料、改变环境、使用分组策略等方式，有意识地计划以达到这些游戏区域和游戏活动中的标准。在整个过程中，请你思考观察、支持和有意识地达到标准的其他方法。我们意识到，每个班级和儿童群体都不相同，你对儿童及环境的了解将是非常重要的因素。

本章最后将分享一个故事，讲述一位教师如何根据不同领域中的许多标准来设计游戏。实际上，许多标准被整合进儿童的游戏活动中，特别是在涉及基本技能时，如好奇心、坚持性或参与。在游戏中，一次只达到一条标准是不可能的。这就是为什么对幼儿园和学前班的儿童来说，游戏是如此丰富和令人兴奋的课程方法。希望你在阅读接下来的表格中所列的具体示例时，思考你所在的班级和所教的儿童群体，提出自己的想法。也建议你在教师计划整合性游戏活动（如本章末尾所分享的）时，看一看儿童表现出不同领域中多条标准的方式。

领域：学习品质

分支：好奇心/主动性

《路易斯安那州 0—5 岁学习与发展标准》[①]

标准 1：参与以游戏为基础的学习，探索、探究并获得有关自己和世界的知识。

指标：

- 对学习新的事物和尝试新的经验表现出好奇、兴趣和意愿。

《马萨诸塞州幼儿园和学前班标准》

社会性和情感学习，游戏和学习品质

标准 APL2：儿童表现出学习者的渴望和好奇。

到学前班结束时，儿童可能有以下表现。

- 对未来的未知事件或现象以及此时此地发生的事情产生疑问（如提出"怎样""假如……会怎么样"等问题）。
- 大量尝试多种多样的新经验（如材料、任务、学业学习或身体技能等），可以独立地尝试，也可以和同伴或成年人一起尝试。
- 在成年人的支持下，通过各种各样的资源搜索信息，如图书、网络、专家和观察。
- 描述或表达自己最喜欢的学习方式（观察、模仿、提问、实践探究）。

[①] 英文为 Louisiana's Birth to Five Early Learning & Development Standards，缩写为 ELDS。——译者注

第三部分 理解和力量

这一标准在儿童游戏中自然发生的方式
示例
积木区：儿童在建构过程中探究物理特性，询问"为什么"的问题。
感官桌：儿童探索各种各样的材料（如沙、水、泥土、种子和剃须膏），探究纹理以及各种各样工具（如过滤网、铲子、勺子、水车、量杯）的使用方式。
户外：儿童观察自然现象，如风、云、太阳的热量、树叶变色，并通过提问学习更多知识。
• 你还能在哪里看到这一标准自然地出现在儿童的游戏中？
• 儿童还能表现出哪些标准？
教师的可能支持策略
• 和儿童一起游戏，亲自尝试一些新的体验。
• 做示范，表现出好奇、说出内心的疑惑、问问题、通过各种资源寻找信息。
• 为不太情愿尝试新事物的儿童提供鹰架。他们能用压舌板代替手画手指画吗？你能让他们和更愿意冒险的儿童组成一组吗？
• 你还有哪些可以尝试的支持策略？

在游戏中有意识地达到这一标准的方式	
可能的材料、环境变化或分组策略	**教师支持策略**
在各个游戏区域提供新的物品、玩具和材料，使环境对儿童充满趣味和吸引力，如积木区的布条、戏剧游戏区的杂志和报纸以及画架上不同类型的刷子和滚筒。	为儿童提供鹰架，为他们在游戏中使用新材料提供建议。
创建一个班级博物馆，邀请儿童在这里了解展示的物品。让他们轮流担任博物馆馆长，设计展览以及参观者探究展览的方式。	挑战儿童，让他们思考包含动手探索区域的博物馆，帮助他们设计自己的探索类展览。
邀请儿童和同伴结对在室内外进行寻宝游戏。	提供激发物，制作可用于引导儿童的寻宝游戏卡片（例如：寻找你之前从未注意到的事物，寻找可以反射太阳光的物品，寻找每天都在变化的事物），请儿童设计自己的寻宝游戏。

（续表）

在游戏中有意识地达到这一标准的方式	
可能的材料、环境变化或分组策略	教师支持策略
和儿童一起创编好奇书。	与儿童一起反思他们想要更多地了解的事情、想知道答案的问题。和他们一起研究，寻找答案，并将其写进书里。
你还能提供哪些材料、环境变化或分组策略？	你还有哪些可以尝试的支持策略？

领域：学习品质

分支：坚持性

《密西西比州4岁儿童早期学习标准》[①]

坚持性和专注力领域：表现出坚持和专注

1. 坚持完成一项任务或活动。

《亚利桑那州大学与职业准备标准——数学——学前班》[②]

数学实践

1. 明确问题并坚持解决问题

[①] 英文为 Mississippi Early Learning Standards for Classrooms Serving Four-Year-Old Children。——译者注

[②] 英文为 Arizona's College and Career Ready Standards—Mathematics—Kindergarten。——译者注

这一标准在儿童游戏中自然发生的方式

示例

操作区：儿童坚持使用操作材料对物品进行连接、建构、设计和装饰。例如：把珠子串在一起，让用积木搭建的建构物站起来，或让弹珠滚下来。

艺术区：儿童使用各种各样的材料进行自我表达，持续而专注地投入创作，较少为结果而担忧，比如混合颜料以获得想要的颜色或者使用足够的胶水把拼贴画固定在合适的位置。

戏剧游戏区：儿童确定场景，筹备材料并组织演员来扮演，即使在脚本、场景、道具、演员方面出现问题时也会继续下去。

- 你还能在哪里看到这一标准自然地出现在儿童的游戏中？
- 儿童还能表现出哪些标准？

教师的可能支持策略

- 和儿童一起游戏，你的在场常常能延长他们对游戏活动的关注。
- 做示范，表现自己在面对问题时的坚持，表达你的挫败感，并明确你能够让自己成功做某事的努力方式。
- 为不能坚持的儿童提供鹰架、帮助、建议、想法或者同伴帮助。

在游戏中有意识地达到这一标准的方式

可能的材料、环境变化或分组策略	教师支持策略
为儿童未完成的作品提供存放空间并摆放带有"制作中"字样的标识牌，这样可以鼓励儿童深入参与，坚持解决问题，并在稍后的时间或另一天完成他们一开始的创作。	为儿童提供鹰架，保存儿童完成的部分作品以支持他们，并提醒他们稍后或第二天继续完成创作。
让更善于坚持的儿童和那些不太能坚持的儿童两人一组，一起游戏。	挑战儿童，鼓励儿童为游戏设定目标并一起努力实现目标（例如：建一条公路或桥、画一幅壁画或者做一个科学实验）。
用计时器为儿童的游戏进行计时，了解他们在不同区域里工作和游戏的时长。	提供激发物，记下他们坚持的时间，激励他们打破自己的"世界纪录"。
创编图书《我正在努力在……方面变得更好》。	与儿童一起反思那些对他们具有挑战性的事情，讨论他们能够通过哪些方式应对挑战。

(续表)

在游戏中有意识地达到这一标准的方式	
可能的材料、环境变化或分组策略	教师支持策略
你还能提供哪些材料、环境变化或分组策略?	你还有哪些可以尝试的支持策略?

领域：学习品质

分支：专注力和参与

《北卡罗来纳州早期学习与发展基础》[①]

专注、努力和坚持

目标 APL-8：儿童保持集中注意力。

《宾夕法尼亚州早期学习标准》（从婴儿到学步儿，再到学前班）

AL.2 梳理并理解信息

A. 参与和注意

学习者将忽略干扰，完成任务。

这一标准在儿童游戏中自然发生的方式
示例
图书区：儿童阅读图书，互相讨论，复述故事，理解文字，即使其他儿童进进出出图书区也不会影响他们。
科学区：儿童长时间地跟踪调查（例如：观察一系列物品的沉浮现象，等待水烧开或雪融化，重新观察种子以评估它们的生长情况）。

---

① 英文为 North Carolina Foundations for Early Learning and Development。——译者注

(续表)

这一标准在儿童游戏中自然发生的方式
示例
音乐区/倾听区：儿童用光盘听故事，坚持听到最后。 • 你还能在哪里看到这一标准自然地出现在儿童的游戏中？ • 儿童还能表现出哪些标准？
教师的可能支持策略
• 和儿童一起游戏，以延长游戏时间。 • 做示范，表现出即使遇到干扰或中断，也要集中注意力。 • 为难以集中注意的儿童提供鹰架。询问怎样可以帮助他们，如搬到一个不太热闹的区域或和不同的伙伴玩耍。

在游戏中有意识地达到这一标准的方式	
可能的材料、环境变化或分组策略	**教师支持策略**
规划活动室，让热闹的区域在一起，安静的区域远离热闹的区域。	为儿童提供鹰架，帮助他们正确地决定去哪里参与更活跃的游戏（热闹的区域）和去哪里找到安静的环境。
要让儿童清楚地知道，当他们深度参与游戏的时候可以自由地在游戏区域中停留。不要随意设定时间限制（比如15分钟后摇铃或轮流）。这样的限制会使儿童焦虑摇铃什么时候响，无法专注。	挑战儿童，让儿童想办法处理当他们想要在某个区域游戏时其他儿童却在深度参与的情况。建议创建等待名单，商定时间限制，或者每隔几天在那个区域游戏。询问儿童的建议。
在活动室里为儿童单独或两人结伴提供相对"分离"的空间，使他们可以自己工作或游戏。	提供激发物，邀请儿童帮忙为一两名儿童创建私人区域，摆放豆袋椅、枕头、小桌子、填充动物、可操作的物品、绘画材料和可以阅读的图书。和儿童讨论使用这些空间的方式、内容、时间和原因。
认可并赞赏儿童集中注意力的表现。描述你所看到的场景，以确认他们的专注。	与儿童一起反思他们曾被打断的次数，并讨论他们感受如何。制定策略，以克服干扰和促进深度参与。
你还能提供哪些材料、环境变化或分组策略？	你还有哪些可以尝试的支持策略？

领域：学习品质

分支：问题解决和创造性思维

《威斯康星州早期学习标准》①

创造性和想象力

指标：通过与人、材料和环境互动来参与想象游戏和进行富有创造性的思考。

《俄亥俄州新学习标准》②（从学前班到3年级）

分支：创造性

1年级结束时的标准陈述（没有确定学前班的水平）。

- 和各种各样的事物、材料互动，不用考虑成品或结果。
- 明确问题类型之间的差异，以问题类型为基础调整解决策略。

这一标准在儿童游戏中自然发生的方式
示例 积木区：儿童以富有创造力的方式使用积木，并使用其他材料（如塑料管、现成品、人偶和动物木偶、交通类玩具及家居用品）进行组合。 书写区：儿童探索书写工具，进行画画、书写，不用考虑成品或结果，只是前书写和语音拼写的尝试练习。 戏剧游戏区：儿童通过他们读过的故事或看过的电影、电视来创编自己的生活经验、情节和角色，创造充满想象力且独特的戏剧游戏情境。 • 你还能在哪里看到这一标准自然地出现在儿童的游戏中？ • 儿童还能表现出哪些标准？

---

① 英文为 Wisconsin Model Early Learning Standards。——译者注
② 英文为 Ohio's New Learning Standards ——译者注

（续表）

这一标准在儿童游戏中自然发生的方式
教师的可能支持策略
• 和儿童一起游戏，随时准备提供有趣的材料并支持问题解决。
• 用开放式问题和评估示范新型思维方式："我想知道，如果我们……会发生什么？"
• 为不愿意用新方法使用材料的儿童提供鹰架，并为他们提供许可、建议、想法和鼓励。

在游戏中有意识地达到这一标准的方式	
可能的材料、环境变化或分组策略	**教师支持策略**
在活动室各处提供开放性材料（如卷筒芯、盒子、各种质地和大小的色板布、塑料管、篮子和其他容器以及收集的松果球、贝壳、石头、钥匙、螺钉、螺母和螺栓等），鼓励儿童的创造力。	为儿童提供鹰架，鼓励他们使用开放性材料进行创造和游戏，在开始时提供帮助。
提供废弃的器具和工具，让儿童进行拆卸。	挑战儿童，让他们想出拆卸物品和使用工具的方法，帮助他们理解不同部件的用途，想出使用这些部件的新方法。
清理塑料玩具、木质拼图并停止预先设计好的游戏，只提供开放性材料。	提供激发物，不要给儿童的游戏强加任何指示，只需要问："我想知道，你将在戏剧游戏中使用这些物品做什么？在积木区和艺术区呢？"
写下关于儿童解决问题、戏剧游戏和创造性思考的描述性观察记录（像故事那样）。	在小组时间大声阅读这些故事记录，与儿童一起反思，让儿童讲述更多他们曾参与游戏活动的经历。
你还能提供哪些材料、环境变化或分组策略？	你还有哪些可以尝试的支持策略？

✼ 幼儿园里的游戏故事：学习成为学习者

作为幼儿园半日混龄班的教师，特丽想让家长清楚地知道，她正在帮助儿童做好幼小衔接准备。她知道，对那些四五岁儿童的家长来说，这个问题尤其值得关注。但她甚至听说3岁儿童的家长已经提出这个问题。初秋，她决定写一篇通讯文章，讲述她是如何在幼儿园中帮助儿童的，这篇文章是《学习成为学习者》。

在这篇文章中，特丽分享了她关于儿童学习品质所了解到的一切。通过她所接受的儿童早期教育，以及她的专业阅读和她曾经参加过的会议报告，她已经明白，为幼小衔接做准备远远不止是知道一些字母和数字。儿童的好奇心、主动性、投入度以及专注力对他们以后的学业成功非常重要。他们面对挑战时的坚持、问题解决策略和创新性是帮助他们在学前班、小学和一生获得成功的必要技能。她很高兴，看到她所在的州的早期学习标准包含学习品质领域，并且将其与游戏紧密结合起来。在这篇文章中，她写了自己如何在班级活动中设置游戏，这样这个重要的领域每天都能受到关注。她相信自己能够与家长交流，她是如何真正地帮助儿童成为成功的学习者，从而为他们的入学做准备的。

特丽与搭班教师休承诺，每天都为儿童提供充足的游戏时间。她们划出1小时作为"探究时间"，并且觉得这个名字比"自由时间"更能描述她们想让儿童做的事情。她们确实希望儿童能自由地玩耍，跟随自己的兴趣，选择想要做的事情、和谁一起做。这些选择并不是"放任的"，特丽和休认真地布置游戏区域，提供材料。儿童游戏时，她们用各种方式与儿童互动，这使得她们有可能支持儿童在任何领域的学习，尤其是学习品质领域。

集中注意力

1 小时的游戏时间可以让儿童深度参与，但有时还需要花点时间。有的儿童需要看看其他儿童正在做什么，有的儿童需要试一会儿这个活动再试试别的活动。每名儿童都在思考自己想把注意力放在哪儿，什么在吸引他们的兴趣。特丽和休随时准备为儿童提供帮助。她们观察儿童做出选择并安顿下来。对那些做不到的儿童，她们提出建议、提供新的材料，帮助儿童寻找游戏伙伴。有时，她和休也会亲自当儿童的游戏伙伴。

好奇心和主动性

儿童的兴趣发生变化时，游戏材料和游戏机会也要随之发生变化。特丽和休对儿童好奇什么很是关注。她们仔细倾听儿童的问题和疑问，并在发起一个新的游戏活动时跟随他们的主导。她们充分利用教育契机，并提供经验和信息。例如，某天，户外的彩虹引发了很多与彩虹相关的游戏活动，如创意绘画、阅读和创编故事、唱歌、混色以及探索棱镜。

坚持性

游戏期间，特丽和休没有为儿童做任何事情，她们只是安静地在场或充当促进者和向导。她们让儿童自己尝试思考摸索，因为她们知道，即使面对具有挑战性的任务也要坚持完成，是人一生中学习任何事物的重要方法。她们也知道，学前班教师欣赏那些在困难面前能够坚持的儿童，儿童需要思考如何以恰当的方式应对挫败。特丽和休常常在必要的时候走近儿童，伸出援助之手。

创造性地解决问题

在特丽的活动室里有很多机会，使得儿童的学习品质能够在游戏区中得到发展。儿童在积木区搭建时，需要想出在哪里摆放更大、更重的积木，这样建构物才能稳固。儿童在戏剧游戏中时试图用活动室角落里可用的材料假装建一个篝火，问题解决了。帐篷也不成问题，桌子上的一块布料提供了完美的解决思路。儿童把碎布放在一起，使用他们的几何与空间思维把这些碎布放在正确的位置。接下来，儿童在艺术区选择材料创作拼贴画时，必须思考如何把各种各样的东西固定住。特丽很喜欢看他们游戏，觉得似乎每名儿童在思考解决问题的办法时，脑袋里都有轮子在转动。

是的，特丽和休每天都在儿童游戏的时候关注他们学习品质的发展。儿童表现出了对世界难以置信的好奇，能够更长时间地专注，更容易应对挫折，对问题提出更有创造性的解决办法。实际上，他们已经做好了应对学前班、小学和一生的准备。

达到了哪些标准

除了以上列举的学习品质方面的标准之外，还涉及以下标准。

- 社会情感技能，包括轮流、分享和合作。
- 与教师以及同伴之间进行倾听与交谈的语言能力。
- 阅读和书写，比如在参观图书区时阅读对其主题（如彩虹）感兴趣的图书、在书写区和艺术区写写画画。
- 精细运动技能，比如玩拼图或操作玩具。
- 数学概念，包括空间关系和几何，比如玩积木或拼图。

第七章
在游戏中达到语言和读写标准

语言和读写或语言艺术是儿童学习的基础发展领域。婴儿在母语环境中长大,这种语言从他出生那一刻起就围绕着他。在被关爱和照顾的过程中,听到的单词和短语帮助他形成有组织的思维结构。随着他能够将单词和周围的人、事物相关联并进行运用,他的词汇量逐渐增加。由于可以接触到很多图书等印刷品,他开始将口头语言和书面语言进行联系,为他和其他人沟通交流、了解世界提供了新的方式。幼儿园毕业时,大多数儿童能够流利地说母语,对图书和故事感兴趣,游戏时也会写写画画。在学前班时,他们开始练习成长和发展所需的阅读和书写技能。阅读和书写技能将是他们进行学业学习,获得数学、科学、历史和社会研究等领域知识的途径。

大多数州的早期学习标准与《州共同核心课程标准》都包括以下语言和读写或英语语言艺术方面的主题或分支。

- 说话和倾听
- 阅读
- 语音意识
- 书写

读写萌发与游戏

语言和读写在《州共同核心课程标准》和每个州的早期学习标准中都被重点关注。实际上,"良好的开端,聪明的成长"项目要求早期学习标准包括读写、数学和科学,但不包括其他领域。其核心论点是,3年级以前的阅读水平是学业成功更可靠的预测指标之一(AECF[①],2010;Hernandez,2011)。我们知道,当教师和管理者被迫强调学业学习时,其重点就是读写技能。但我们想要强调的是,在童年早期学习有关读写萌发的基础知识并不意味着放弃游戏。

实际上,关于游戏益处的有力研究重点关注了游戏对于语言和读写技能的影响。各种各样的研究引用证据表明,游戏的作用可延伸至该领域的四个分支。让我们更仔细地了解有关每个读写能力分支的游戏研究。

说话和倾听

- 研究调查了社会戏剧游戏中语言的使用情况,发现儿童在角色游戏和假装游戏中显著增加了对表达性语言的使用(Christie & Roskos,2006)。
- 在一项关于儿童语言发展的研究综述中,赫什-帕塞克、格林科夫、伯克和辛格(Hirsh-Pasek, Golinkoff, Berk, & Singer, 2009, p. 31)宣称:"儿童在游戏性的环境中会展示出他们最高水平的语言技能,而且这些语言技能和读写能力发展密切相关。"
- 教师知道,游戏常常涉及儿童和他人之间的交谈,包含各种各样的词汇(例如,儿童玩医院游戏时,他们使用的词汇就

---

① 英文为 Annie E. Casey Foundation,即美国的安妮·E. 凯西基金会。——译者注

与医院场景有关）。迪金森和莫尔顿（Dickinson & Moreton, 1991）的研究发现，3岁儿童在幼儿园与同伴说话的时间与其词汇量有关。他们说得越多，词汇量越大。

阅读和书写

- 教师在游戏区域提供图书，儿童假装为其他儿童、木偶或填充动物读书的时间就会增加。游戏区要有主题阅读和书写材料，以促进儿童更多地参与阅读和书写活动（Christie & Roskos, 2006, p.65; Neuman & Roskos, 1992）。
- 教师在环境中添加读写材料，被发现具有显著效果。儿童会更多地使用材料，频繁地假装阅读，创新性地制作书写标签，把读写活动当作假装游戏的一部分（Neuman & Roskos, 1992）。

语音意识

- 儿童对童谣的了解和参与词语游戏的关系与更强的语音意识有关（Fernandez-Fein & Baker, 1997）。
- 玩押韵游戏、制作购物清单和阅读故事书等可被用于预测儿童具有更好的语音意识（Bergen & Mauer, 2000）。

促进读写和语言艺术发展的建议之一是，采用读写经验丰富的游戏干预方法（Justice & Pullen, 2003）。这些作者建议在戏剧游戏区添加读写道具和材料，成年人也要进行调节（教师参与读写游戏中）。在观察干预行动时，他们将注意到儿童的字母表知识有所增长，对环境中文字的认知能力有所提高。

本章将针对该领域的每个分支都提供标准示例，并探讨将其融入儿童主导的开放式游戏活动中的方法。首先，我们建议你观察整个活动室里游戏中的儿童，思考你所观察到的与特定标准相关的情况。然后，建议教师通过增加材料、改变环境、使用分组策略等方式，有意识地计划以达到这些游戏区域和游戏活动中的标准。在整个过程中，请你思考观察、支持和有意识地达到标准的其他方法。我们意识到，每个班级和儿童群体都不相同，你对儿童及环境的了解将是非常重要的因素。

本章最后将分享一个故事，讲述一位教师如何根据不同领域中的许多标准来设计游戏。实际上，许多标准被整合进儿童的游戏活动中。在游戏中，一次只达到一条标准是不可能的。这就是为什么对幼儿园和学前班的儿童来说，游戏是如此丰富和令人兴奋的课程方法。希望你在阅读接下来的表格中所列的具体示例时，思考你所在的班级和所教的儿童群体，提出自己的想法。也建议你在教师计划整合性游戏活动（如本章末尾所分享的）时，看一看儿童表现出不同领域中多条标准的方式。

领域：语言和读写

分支：说话和倾听

《宾夕法尼亚州幼儿园学习标准》[①]

CC.1：英语语言艺术

标准领域——CC.1.5：说话和倾听

在小组或大组中参与和同伴、成年人的合作性对话。

---

① 英文为 Pennsylvania Early Learning Standards for Early Childhood Pre-Kindergarten。——译者注

《州共同核心课程标准》

说话和倾听

理解和合作

CCSS.ELA-LITERACY.SL.K.1：在小组或大组中，与同伴、成年人等不同的人进行有关学前班话题和文本的合作性对话。

这一标准在儿童游戏中自然发生的方式
示例 戏剧游戏区：儿童在场景（家里、饭店、医院、杂货店）中创编对话。 积木区：儿童为了一起搭建建构物而交谈。 户外：儿童在户外游戏中制定规则并达成一致。 • 你还能在哪里看到这一标准自然地出现在儿童的游戏中？ • 儿童还能表现出哪些标准？
教师的可能支持策略 • 和儿童一起游戏，谈论你们正在一起做的事情。 • 做示范，宣称自己正在等他人的回应，然后紧跟着提出相关的问题或评论。 • 为儿童提供鹰架，支持他们进行自我表达。给他们一些词汇或短语，帮助他们更清楚地交流，温柔地提醒他们等待他人的回应。这样双方就可以互相协商、让步了。 • 你还有哪些可以尝试的支持策略？

在游戏中有意识地达到这一标准的方式	
可能的材料、环境变化或分组策略	**教师支持策略**
提供录音带，记录儿童在任何地方游戏时互相说的话。	为儿童提供鹰架，帮助他们录音，然后和他们一起倾听和回顾。
用笔记录儿童关于绘画、建构的话。	挑战儿童，为他们阅读他们说过的话，与他们交谈他们喜欢什么和下次可能做哪些不同的事情。
为儿童参加假装游戏、积木游戏，玩操作材料的情境录制视频。	提供激发物，和儿童一起回顾录像，讨论他们交流的方式，明确他们可以互相提出的问题。

（续表）

在游戏中有意识地达到这一标准的方式	
可能的材料、环境变化或分组策略	教师支持策略
让儿童在游戏活动后结对互相描述他们做了什么、喜欢什么、下次会做哪些不同的事情。	与儿童一起反思，支持和鼓励儿童多进行同伴交流。
你还能提供哪些材料、环境变化或分组策略？	你还有哪些可以尝试的支持策略？

领域：语言和读写

分支：阅读

《伊利诺伊州早期学习与发展标准》

目标2：表现出对文学作品的理解和兴趣。

2.B：发现故事中的关键观点和细节。

2.B.ECb：在教师的帮助下，借助三个或更多的关键事件复述熟悉的故事。

《州共同核心课程标准》

阅读：文学作品

关键观点和细节

CCSS.ELA-LITERACY.RL.K.2：在成年人的鼓励和支持下，复述熟悉的故事，包含关键细节。

这一标准在儿童游戏中自然发生的方式
示例
艺术区：儿童画画或创作与自己熟悉的故事相关的内容。
书写区：儿童书写、绘画或者口述他们熟悉的故事。

（续表）

这一标准在儿童游戏中自然发生的方式
示例
戏剧游戏区：儿童使用木偶或道具表演熟悉的故事。 • 你还能在哪里看到这一标准自然地出现在儿童的游戏中？ • 儿童还能表现出哪些标准？
教师的可能支持策略
• 和儿童一起游戏，支持他们努力把熟悉的故事中的关键事件和细节整合到游戏中。 • 做示范，表现出如何通过创作、书写或戏剧游戏呈现曾读过的故事细节。 • 你还有哪些可以尝试的支持策略？

在游戏中有意识地达到这一标准的方式	
可能的材料、环境变化或分组策略	**教师支持策略**
在活动室里儿童可接触的地方投放多份已读过图书的复本，这样儿童可以一遍又一遍地阅读。	为儿童提供鹰架，做好准备，帮助儿童将故事中的细节融入积木搭建、戏剧游戏、艺术创作或其他活动中。
提供与故事相关的木偶和其他道具。	挑战儿童，让他们用木偶和道具再次表演故事。创设舞台区域，供儿童排练和表演。
提供与熟悉的图书插画相匹配的艺术材料。	提供激发物，邀请儿童创作自己的插画，如美国绘本作家艾瑞·卡尔（Eric Carle）的书中的水彩画和拼贴画，并借助插画复述故事。
为儿童再次表演故事录制视频。	用视频作为激发物，和儿童一起观看和回顾视频，并对照原书，检查包含和遗漏了哪些细节。
为儿童有关故事的绘画、书写和创作设计一次展览。	在展览时与儿童一起反思，让儿童讲一讲自己的创作，或邀请他们写一写本次展览。
你还能提供哪些材料、环境变化或分组策略？	你还有哪些可以尝试的支持策略？

领域：语言和读写

分支：语音意识

《印第安纳州 0—5 岁儿童学业标准基础》[①]

ELA.1.15：模仿简单的押韵。

《州共同核心课程标准》

阅读：基本技能

语音意识——CCSS.ELA-LITERACY.RF.K.2：表现出对口语单词、音节、音素的理解。

CCSS.ELA-LITERACY.RF.K.2A：发现并创造押韵的单词。

这一标准在儿童游戏中自然发生的方式
示例 **图书区**：儿童选择最喜欢的押韵图书（英语或其他语言）进行阅读，用他们自己的语言进行复述。 **操作区**：儿童在玩连接类操作材料、拼图或分类玩具时，会编一些有趣的押韵单词（英语或其他语言）。 **音乐区**：儿童聆听、歌唱押韵的歌曲（英语或其他语言），并跳舞。 • 你还能在哪里看到这一标准自然地出现在儿童的游戏中？ • 儿童还能表现出哪些标准？
教师的可能支持策略 • 在儿童旁边阅读和玩耍，指出押韵的地方。 • 在名字游戏中，或者在歌曲中，示范通过调整首字母来发出押韵的音。编一些有趣的押韵单词，并将其组合在一起。 • 提供鹰架，帮助儿童成功唱出押韵的单词，当他们单独在音乐区时，鼓励他们跟着歌曲一起唱。 • 你还有哪些可以尝试的支持策略？

---

① 英文为 Foundations to the Indiana Academic Standards for Young Children from Birth to Age 5。——译者注

在游戏中有意识地达到这一标准的方式	
可能的材料、环境变化或分组策略	教师支持策略
为图书区提供许多押韵图书（英语或其他语言）。	为儿童提供鹰架，帮助他们阅读和发现押韵。
在过渡环节使用押韵小诗（英语或其他语言）。	挑战儿童，让他们编出自己的押韵小诗。
在音乐区借助光盘向儿童介绍押韵的名字游戏和歌曲（英语或其他语言）。	邀请儿童创编自己的押韵游戏和歌曲。
和儿童一起创编一系列押韵图书（英语或其他语言），将其放在图书区。	与儿童一起反思，定期通过小组或大组活动重温这些押韵图书。
你还能提供哪些材料、环境变化或分组策略？	你还有哪些可以尝试的支持策略？

领域：语言和读写

分支：书写

《华盛顿州早期学习与发展指南》（从出生到 3 年级）

交流（读写）

书写

运用类似字母的符号制作清单、写信和故事或给图片贴上标签。

《州共同核心课程标准》

书写

文本类型及用途

CCSS.ELA-LITERACY.W.K.2：综合运用绘画、口述和书写的方式创编信息性文本或解释性文本，让儿童说出自己书写的内容，并提供有关主题的一些信息。

这一标准在儿童游戏中自然发生的方式
示例   积木区：儿童为他们所建构的结构制作标签或把结构写出来（或画出来）。 感官桌：儿童记录沉浮实验或测量沙子的结果。 科学区：儿童对观察到的事物进行绘画和描述，以记录探索与实验。 • 你还能在哪里看到这一标准自然地出现在儿童的游戏中？ • 儿童还能表现出哪些标准？
教师的可能支持策略   • 和儿童一起游戏和书写。 • 做示范，以自己的方式书写（不需要一定是成年人的写法），对儿童在涂鸦、画像字母一样的形状和语音拼写方面所做出的努力表示认可。 • 在儿童想要书写时为他们提供鹰架。 • 你还有哪些可以尝试的支持策略？

在游戏中有意识地达到这一标准的方式	
可能的材料、环境变化或分组策略	**教师支持策略**
在活动室的所有地方提供各种各样的书写材料。	为儿童提供鹰架，在儿童游戏时为其提供书写的理由（如积木区的标志、把名字添加到作品上、假装在戏剧游戏场景中写字）。
在不同的活动中，为儿童提供带纸的写字板、记号笔或钢笔，让他们绘画和书写。	挑战儿童，在他们的探索中增加对书写的期待。
请儿童记录他们在科学区或感官桌的探究。	提出启发性问题，让儿童通过绘画或书写来回应（例如：把水注入水车上时，你注意到了什么？同样的沙子，干的时候是什么感觉？湿的时候呢？有哪些相同和不同之处？）。
鼓励儿童和同伴在小组或大组活动中分享他们的书写和日记。	通过回顾儿童的绘画和书写作品，与他们一起反思。标记他们交流、使用字母或开始拼写的方式。赞赏他们的努力。
你还能提供哪些材料、环境变化或分组策略？	你还有哪些可以尝试的支持策略？

✤ 学前班里的游戏故事：班级邮局

教师肯沃思和同事安德想要鼓励儿童在学前班活动室里的更多地方进行书写，而不仅仅是在书写区。她们决定创建一个班级邮局，因此收集了他人捐赠的不同类型的信纸、信封和贴纸（供儿童用作邮票）。她们留出一块地方专门放置材料，又添加了钢笔、铅笔、记号笔、蜡笔和邮箱。此外，她们还提供了一个地址簿，上面有儿童的名字和地址（每页一个，便于查找）。她们把这个邮局的主意介绍给儿童，和他们一起讨论写信和收发邮件的过程。儿童最初的反应十分热情。在每天结束时的小组会议上，一名儿童会被指定为邮递员，把信件投递给收件人。这需要儿童阅读信封上写了什么、把信投给正确的人。教师和其他儿童帮助收件人"阅读"信件。这可以再一次鼓励儿童以清晰和易读的方式书写。

儿童从一开始就对班级邮局表现出强烈的兴趣和参与性。起初，大多数儿童把他们的名字写在信上，把收件人的名字写在信封上。过了一段时间，肯沃思和安德鼓励儿童开始在信封上正确地书写地址。这对一部分儿童来说需要更多的时间和努力。一些儿童的兴趣由于这个更严格的要求而有所减退。教师决定放弃这个要求，并为给朋友写信的儿童提供奖励。她们开始自己亲自写信，尤其是给那些还从未从其他儿童那里收到很多信的儿童。她们并不总是把儿童的家庭地址写到信封上，但有时会写。她们写给儿童的内容，是她们知道儿童能够认出来和理解的简单句子，举例如下。

- 我喜欢你。
- 谢谢你今天的帮助。
- 你在我们的学校学习。

- 你是我的好朋友。

有时，她们用儿童的母语写，有时用英语写。正如她们所希望的，她们的信已成为儿童可抄写给朋友的信件的模板。孩子们关于如何写某些词的讨论很常见。认出字母和发出词音的情况也经常发生。随着时间的推移，教师给儿童制作单词卡，这些单词都是儿童想要了解的。单词卡被放在钥匙圈上，这样儿童能够很容易地找到他们需要的单词。随着儿童书写技能的提高，信件内容变得越来越详尽，儿童的兴趣也得以持续激发并得到支持。

达到了哪些标准

- 语言艺术的四个分支标准：说话和倾听、阅读、语音意识、书写。
- 在使用书写工具、折叠信纸和密封信封时，儿童的精细运动技能得到发展。
- 在和朋友通过写信、读信进行交流时，儿童对自己的成就感到骄傲、自信，其社会情感得以发展。
- 在选择词汇时，涉及科学、数学、社会研究等领域。

第八章
在游戏中达到数学标准

在幼儿园和学前班阶段，儿童通过探索周围世界为数学学习奠定基础。他们有了许多用真实物品进行动手实践的机会，才会准备好使用纸和笔进行计算。他们对物品进行排序和分类、一一对应、创建群组以建构对数量的理解，探索和建构几何形状，探究空间关系，对物品的大小和重量进行比较，学习与计数、数量、测量和几何相关的词汇。在儿童的生活中，数学无处不在，可以很容易地被融入多种游戏中。然而，在童年早期支持儿童的数学学习常常被忽略（Baroody，Lai，& Mix，2006）。本章将分享一些观点，以帮助幼儿园和学前班的教师及管理者认识到并增加儿童在游戏中学习数学概念的可能性。

儿童在高水平游戏中会使用一些基本数学概念来推动游戏发展或者为同伴提供所需要的信息。

- 在户外的追逐游戏中计分。
- 在积木区组合不同大小的积木。
- 在倾听区或计算机区使用计时器进行轮流。
- 在桌面游戏中，计算棋盘上的空格或骰子上的点数，或者认出转盘上的数字。

儿童主导的开放式游戏所涉及的数学知识和技能具有功能性目的，可以促进学习（Gelman，2006）。此外，研究表明，游戏与数学认知发展之间存在明确的联系。我们将这些研究发现整理在下表中。

儿童在做什么	蕴含的数学学习	参考文献
积木游戏、模型建构、木工	空间知识	Baenninger & Newcombe, 1995
玩积木、建构玩具	空间关系、测量	Clements et al., 1999
玩积木、乐高、轨道	几何、建筑	Ness & Farenga, 2007
数字和彩色的棋盘游戏	数值大小、数轴估计、计数、数值认知	Ramani & Siegler, 2008
混合游戏（包括社会戏剧游戏）	模式、形状、计数	Seo & Ginsburg, 2004

大多数州的早期学习标准与《州共同核心课程标准》都包括以下数学方面的主题或分支。

- 数感、数量和计数
- 运算和代数思维
- 测量
- 几何和空间关系

本章将针对该领域的每个分支都提供标准示例，并探讨将其融入儿童主导的开放式游戏活动中的方法。首先，我们建议你观察整个活动室里游戏中的儿童，思考你所观察到的与特定标准相关的情况。然后，建议教师通过增加材料、改变环境、使用分组策略等方式，有意识地计划以达到这些游戏区域和游戏活动中的标准。在整个过程中，请你思考观察、支持和有意识地达到标准的其他方法。我们意识到，每个班级和儿童群体都不相同，你对儿童及环境的了解将是非常重要的因素。

本章最后将分享一个故事，讲述一位教师如何根据不同领域中的许多标准来设计游戏。实际上，许多标准被整合进儿童的游戏活动中。在游戏中，一次只达到一条标准是不可能的。这就是为什么对幼儿园和学前班的儿童来说，游戏是如此丰富和令人兴奋的课程方法。希望你在阅读接下来的表格中所列的具体示例时，思考你所在的班级和所教的儿童群体，提出自己的想法。也建议你在教师计划整合性游戏活动（如本章末尾所分享的）时，看一看儿童表现出不同领域中多条标准的方式。

领域：数学

分支：数感、数量和计数

《佛罗里达州 4 岁儿童学习与发展标准》[①]

Ⅴ. 认知发展和一般知识

A. 数学思维

2. 表现出对如何计算和构建集合的理解。

基准 a：儿童数出 10—15 个物品。

《州共同核心课程标准》

计数 & 数集

B. 通过计数判断物品的数量

CCSS.Math.Content.K.CC.B.4：理解数字与数量之间的关系，将计数与基数联系起来。

[①] 英文为 Florida Early Learning and Developmental Standards for Four-Year-Olds。——译者注

这一标准在儿童游戏中自然发生的方式
示例 操作区：儿童在把物品放进容器或对物品进行分类时数出物品的数量。 科学区：儿童用数量和数字描述从户外收集到的物品，如树叶、坚果、石头、树枝等。 图书区：儿童看各种计数图书，并数页面上的物品。 • 你还能在哪里看到这一标准自然地出现在儿童的游戏中？ • 儿童还能表现出哪些标准？
教师的可能支持策略 • 和儿童一起游戏，围绕数量问题进行提问和讨论。 • 在操作物品的过程中，大声示范计数物品，猜想下一个数字是什么，演示一一对应的关系。 • 为儿童提供鹰架，帮助他们数出游戏中使用较多的物品。 • 你还有哪些可以尝试的支持策略？

在游戏中有意识地达到这一标准的方式	
可能的材料、环境变化或分组策略	教师支持策略
添加数字卡片或骰子，鼓励儿童使用它们决定要用多少操性材料进行计数。增加骰子的数量以获得更大的总数，练习超过6或者12的计数。	为儿童提供鹰架，帮助他们认识卡片或者骰子上的数量，并数出相应数量的物品。对于已经掌握以上技能的儿童，可以合并骰子或者卡片上的数量以提出加法问题。
提供带有数字卡片的篮子，用于对户外收集到的物品进行分类和计数。	挑战儿童，让他们把从户外收集到的物品分类编入写字板上的统计单或相册中，或者展示出来与其他儿童分享。
用数轴和图表、扑克牌、骰子、多米诺骨牌、数字磁力贴和数学游戏布置数学区。添加用于记录的书写材料。	提供激发物，请儿童想办法使用数学区中的物品。让他们看看自己可以数到多大的数，是否可以把点数相同的多米诺骨牌匹配在一起，可以用哪些方法记录数学游戏，以及如何一起使用材料进行建构游戏和探索活动。

（续表）

在游戏中有意识地达到这一标准的方式	
可能的材料、环境变化或分组策略	教师支持策略
鼓励儿童在所有的游戏区和日常生活中计数。	通过与儿童讨论游戏和其他日常生活中的计数来引发他们的思考（你用了多少块积木搭桥？还有多少孩子和你一起玩？）。
你还能提供哪些材料、环境变化或分组策略？	你还有哪些可以尝试的支持策略？

领域：数学

分支：运算和代数思维

《得克萨斯州幼儿园指南》（修订版）[①]

Ⅴ. 数学领域

B. 加法/减法

VB1：儿童使用具体的模型或者语言解决 5 以内的加法问题。

《州共同核心课程标准》

运算 & 代数思维

A. 理解加法是把物品组合在一起、添加在一起；理解减法是分离和取出一部分。

CCSS.Math.Content.K.OA.A.1：用物品、手指、想象、绘画、声音（如拍手）、表现情境、口头解释、公式或等式来表现加法和减法。

---

① 英文为 Revised Texas Prekindergarten Guidelines。——译者注

这一标准在儿童游戏中自然发生的方式
示例
戏剧游戏区：儿童在计划假装游戏时一起讨论，确定家庭、火车旅行、宠物商店等场景需要多少名儿童。
音乐区：儿童在歌唱和表演熟悉的手指游戏时做加法和减法（比如"三只猴子在床上跳""五只猴子在树上荡秋千""五只小鸭出门玩""床上有十个"）。
积木区：儿童能够算出需要增加或者减少多少块积木，才能完成建筑、道路和其他物品的搭建。
• 你还能在哪里看到这一标准自然地出现在儿童的游戏中？
• 儿童还能表现出哪些标准？
教师的可能支持策略
• 和儿童一起游戏，指出有关加法或减法的情境。
• 使用实物示范和写出等式的方法表现加法和减法问题。
• 为儿童提供鹰架，帮助他们表现加法和减法的情境。
• 你还有哪些可以尝试的支持策略？

在游戏中有意识地达到这一标准的方式	
可能的材料、环境变化或分组策略	教师支持策略
在游戏的过渡环节，鼓励儿童运用加法和减法来组建小组。	为儿童提供鹰架，帮助儿童在洗手或准备去户外游戏时分小组站排等待（你可以增加两名儿童吗？增加两名儿童后是多少人？如果去掉3名儿童会变成多少？）。
在操作区提供带有数字、等号、加号和减号的卡片。	挑战儿童，让他们使用操作材料和卡片创编加法和减法问题。
使用提前订好的空白纸张、贴纸和书写材料，创建一个数字图书站。	提供激发物，请儿童使用贴纸和创造性的绘画创作自己的数字图书，以表示数的不同组合（例如，数字图书"5"，每页可能有不同的组合，如 5=1+4 或 5=2+3 或 5=5+0 或 5=6-1）。
与儿童一起讨论游戏和日常生活中出现的加法和减法问题。	指出儿童游戏和日常生活中的加减问题，与儿童一起反思。
你还能提供哪些材料、环境变化或分组策略？	你还有哪些可以尝试的支持策略？

领域：数学

分支：测量

《艾奥瓦州早期学习标准》

领域12：数学和科学（12.6 测量）

标准：儿童理解比较和测量。

基准2：儿童可以对多个物品的一个或多个属性（如长度、高度、重量和面积）进行比较，会使用"更高""更短""更长""更大""更小""更轻""更重""满""空""长度""高度"和"重量"等词语。

《州共同核心课程标准》

测量 & 数据统计

A. 描述和比较可测量的属性

CCSS.Math.Content.K.MD.A.1：描述物品的可测量属性，如长度、重量。描述单个物品的多个可测量属性。

这一标准在儿童游戏中自然发生的方式
示例
积木区：儿童比较身高、长度和重量（例如，依据某个物品的特定高度搭建了一座塔，如一把椅子的高度或者儿童腰部的高度）。
感官桌：儿童使用量杯把沙子倒进碗里，记录加了多少杯。
艺术区：儿童使用纸条、纱线、丝带等不同长度和宽度的物品以及羽毛、树枝、珠子等不同重量的物品创作拼贴画。
• 你还能在哪里看到这一标准自然地出现在儿童的游戏中？
• 儿童还能表现出哪些标准？
教师的可能支持策略
• 和儿童一起游戏，并使用比较性词语。
• 做示范，测量和比较不同的物品，将积木排成一排，数多少杯沙子才能装满一碗，感受手里不同物品的重量。
• 为儿童提供鹰架，告诉他们用于描述物品的可测量属性的词语。
• 你还有哪些可以尝试的支持策略？

在游戏中有意识地达到这一标准的方式	
可能的材料、环境变化或分组策略	教师支持策略
在活动室的不同区域添加各种测量工具,如不同种类的量杯、标尺、卷尺和天平。	为儿童提供鹰架,帮助他们了解在游戏中使用工具的方法。
鼓励儿童与同伴合作,用绳子、可连接的积木或他们的身体等非标准工具测量活动室里的物品(它和你的手臂、手指、脚一样长吗?)。	挑战儿童,让儿童和同伴一起测量他们游戏的地方。询问他们如何在测量时记录学到的东西。帮助他们通过绘画、拍照和书写来记录自己的探索。比较非标准测量与标准测量的结果,加大挑战。
和儿童一起用胶带测量并标记室内外空间,贴上适当的测量值(如"5米""10米""15米""20米")。	提供激发物,请儿童帮助你测量和标记空间。确定你将使用什么工具,以及以何种增量放置标签。然后,鼓励儿童在已经测量好的路径上走、单脚跳、双脚跳或者奔跑,在到达每一个测量标签时,喊出测量值。
观察儿童在游戏和日常生活中使用比较性语言或测量策略。	与儿童一起反思,描述他们对比较性语言和测量策略的自然使用情况,以适当而有意义的方式帮助他们。
你还能提供哪些材料、环境变化或分组策略?	你还有哪些可以尝试的支持策略?

领域:数学

分支:几何和空间关系

《佛蒙特州早期学习标准》

Ⅲ. 了解世界

领域:数学

4. 几何和空间推理

4b. 几何

1. 儿童通过几何的组成部分和属性来识别、描述和表征,组合和分解几何形状，并讨论空间结构和关系。

《州共同核心课程标准》

几何

B. 分析、比较、创造和组合形状

CCSS.Math.Content.K.G.B.4：分析和比较不同大小及方向的二维形状和三维形状，使用非正式的语言描述它们的相似点、不同点、部分（如边、顶点/角的数量）和其他属性（如有相等长度的边）。

这一标准在儿童游戏中自然发生的方式
示例
操作区：儿童用图案或者其他可以连接的积木创造形状，并用拼图建构形状。
户外：儿童能认出大自然和操场上的形状，或者用在户外找到的石头等物品把篮子或桶装满。
书写区：儿童画一些形状和类似字母的形状，如果在书写字母，他们就会记住形状。
• 你还能在哪里看到这一标准自然地出现在儿童的游戏中？
• 儿童还能表现出哪些标准？
教师的可能支持策略
• 和儿童一起游戏，说出游戏区中材料的形状。
• 示范比较形状，计算边数，使用有关直线、角度、圆角和其他特征的语言。
• 为儿童提供鹰架，在儿童尝试识别形状时，说出形状的名称。
• 你还有哪些可以尝试的支持策略？

在游戏中有意识地达到这一标准的方式	
可能的材料、环境变化或分组策略	教师支持策略
在户外时，为儿童提供粉笔和装水的喷壶，鼓励他们在人行道上创造形状。	为儿童提供鹰架，帮助他们创造形状、命名形状、比较和对比形状以及组合形状。

（续表）

可能的材料、环境变化或分组策略	教师支持策略
在游戏中有意识地达到这一标准的方式	
鼓励儿童想办法在积木区创造不同的形状。	挑战儿童，让他们弄清楚如何将三角形组合成正方形，或将正方形组合成长方形；如何创造一个正方体或一个长方体。
鼓励儿童与同伴或小组一起在活动室里寻找形状。	提供激发物，邀请儿童和其他人一起在活动室里寻找特定的形状。提供一种记录方法（平板电脑？照相机？在写字板上预先制作的形状列表？），并让儿童与他人分享他们的发现。
与儿童谈论游戏和日常生活中的几何形状。	通过讨论各种游戏材料和日常生活中的几何形状，与儿童一起反思。
你还能提供哪些材料、环境变化或分组策略？	你还有哪些可以尝试的支持策略？

✄ 幼儿园里的游戏故事：排队中的数学

珍妮特的幼儿园位于一所小学的大楼里。不幸的是，卫生间在一条走廊的尽头，操场在走廊的另一个尽头。珍妮特需要帮助儿童了解，如何在学校里有组织地活动。因此，她必须教他们排队。她决定将数学学习渗透到这个过程中，以充分利用这项必要的任务。在儿童的小隔间附近，她用约30厘米×30厘米的方形相纸创建了一个排队区，每名儿童一张。她在每个方格上贴用不同颜色的美术纸剪成的6个东西。

- 两个不同的数字（1—10）
- 两个不同的几何形状
- 两个大小不同的动物形象

最初，她还做了第二套贴在方格上的东西。当她喊儿童的名字去排队区时，她举起其中一个东西，儿童需要找到那个东西并站在相应的方格上。当儿童学习放置东西时，她随时准备帮助他们，但很快他们就不需要帮助了。儿童乐于寻找东西。一段时间后，她没有向儿童做示范，而只是说："贾马尔，请到红圈处。艾安娜，请到绿色数字3处。佩德罗，请到大狗那里。米茜，请到中等大小的鸡那里去。"

珍妮特觉得，她用于让儿童准备好去走廊里的时间是很值得的。甚至当儿童在方格中等待的时候，他们也在讨论那里的东西，使用数学词汇并表现出对数学的理解。

达到了哪些标准

- 数学领域的三个分支标准得以达到：数感、数量和计数，测量，以及几何和空间关系。
- 在倾听、遵循指令并与珍妮特和其他儿童讨论方格中的东西时，儿童的语言得到发展。
- 孩子们自己离开活动室时表现出自我调节能力，其社会情感得到发展。
- 在把自己移到适当的方格中时，儿童的大肌肉运动能力得到发展。

第九章
在游戏中达到科学标准

科学领域对我们当下的生活和未来而言都是极其重要的。在教育中,科学和技术通过所谓的"STEM"倡议联系在一起,STEM 是指科学(science)、技术(technology)、工程(engineering)和数学(mathematics)。一些研究人员、公共部门和私人机构的领导者将国家的未来与 STEM 联系起来。

> 国家的创新能力和现代劳动力的蓬勃发展依赖数学与科学学习这一基础……一个持续的、充满活力的民主国家依赖 STEM 这一基础。(Sneiderman, 2013, p. 1)

2014 年,美国国家工程院(National Academy of Engineering,NAE)和国家研究委员会的科学教育理事会(Board on Science Education of the National Research Council)发布了一份关于用科学教育的方式整合这些学科的重要性的报告(NAE & NRC,2014)。

在学前教育中,STEM 被认为是着眼于科学学习的重要方式。儿童本质上是科学家。从出生开始,他们就探索自己的世界以了解它,找到自己在其中的位置,弄清楚它是如何运行的,以及如何操纵它或改变它。在幼儿园和学前班里,儿童可以接触科学思维、实践和基本概念。教师可以利用这些年幼探险家的内在动机,在整合多个领域技能的学习机会中大量开展科学活动。

对早期学习者进行 STEM 教学,需要记住的最为重要的一点是，他们完全适合学习 STEM 概念……秘诀在于挖掘他们对世界的自然的、天生的好奇心。只要允许儿童去探究，鼓励他们问一些关于现实世界的问题，你就能让他们参与到 STEM 活动中。（Sneiderman，2013，p.1）

在科学领域，我们研究了来自不同州的早期学习标准和针对学前班制定的新的《新一代科学教育标准》。后者基于国家研究委员会的建议，并由若干州的利益相关者制定。这些标准整合了 STEM 的四个组成部分，强调跨领域的教育方法。本章将使用《新一代科学教育标准》中的六项实践来指导我们对标准的选择。幼儿园和学前班的教师会发现，儿童在游戏时已经参与了许多这样的实践。

1. 提出问题和定义问题。
2. 开发和使用模型。
3. 计划和开展调查。
4. 分析和解释数据。
5. 解释原因并设计解决方案。
6. 获取、评估和交流信息。

我们意识到，科学领域充满许多互不相关的零散知识。例如，儿童学习鸟类筑巢、熊冬眠、重力导致木块落地以及水加热后变成水蒸气、冻结后变成冰。然而，我们也认识到，科学远不止这些零散的事实。儿童已经具备了科学探究的基本核心倾向，这种倾向源于他们与生俱来的、似乎永不满足的好奇心，这促使他们提出问题、进行实验、做出预测并得出结论。我们的重点是利用年幼学习者的这些特点，将其与六项实践相结合。

对于本章中的表格，还有一点需要解释。《新一代科学教育标准》的结构是将实践列为不同科学和工程领域的具体标准的基础。当你看到展示游戏中的科学标准的表格时，你会发现，《新一代科学教育标准》中的学前班标准所涉及的具体内容包括以下几个方面。

- 运动与稳定性：力与相互作用
- 从分子到有机体：结构与过程
- 能量
- 工程设计

与之前的领域章节一样，本章将针对该领域的每个分支都提供一两个标准示例，并探讨将其融入儿童主导的开放式游戏活动中的方法。首先，我们建议你观察整个活动室里游戏中的儿童，思考你所观察到的与特定标准相关的情况。然后，建议教师通过增加材料、改变环境、使用分组策略等方式，有意识地计划以达到这些游戏区域和游戏活动中的标准。在整个过程中，请你思考观察、支持和有意识地达到标准的其他方法。我们意识到，每个班级和儿童群体都不相同，你对儿童及环境的了解将是非常重要的因素。

本章最后将分享一个故事，讲述一位教师如何根据不同领域中的许多标准来设计游戏。实际上，许多标准被整合进儿童的游戏活动中。在游戏中，一次只达到一条标准是不可能的。这就是为什么对幼儿园和学前班的儿童来说，游戏是如此丰富和令人兴奋的课程方法。希望你在阅读接下来的表格中所列的具体示例时，思考你所在的班级和所教的儿童群体，提出自己的想法。也建议你在教师计划整合性游戏活动（如本章末尾所分享的）时，看一看儿童表现出不同领域中多条标准的方式。

领域：科学

实践：提出问题（科学方面）、定义问题（工程方面），计划和开展调查

《亚利桑那州早期学习标准》[①]

针对3—5岁儿童的科学标准，分支1：调查和应用

概念1：探索、观察和假设

儿童在环境中探索和观察时，提出问题并做出预测。

《新一代科学教育标准》（学前班）

运动与稳定性：力与相互作用

K-PS2-1：计划并进行调查，比较不同强度或不同方向的推力和拉力对物体运动的影响。

K-PS2-2：分析数据，以确定一个解决方案是否能按照预期的那样改变物体被推或拉的速度或方向。

这一标准在儿童游戏中自然发生的方式
示例
积木区：儿童在建构斜坡等结构的过程中探索和观察，在建构中提出问题，发现问题，做出预测。
户外：儿童在奔跑、跳跃、攀爬和玩耍时，观察秋千的前后摆动、跷跷板的上下摆动以及其他方面的力和运动。
操作区：儿童尝试用不同的方法操作（建造一个大理石跑道，把乐高积木连接成一个高塔，把齿轮连在一起让它们转动）。
• 你还能在哪里看到这一标准自然地出现在儿童的游戏中？
• 儿童还能表现出哪些标准？

[①] 英文为 Arizona Early Learning Standards。——译者注

（续表）

这一标准在儿童游戏中自然发生的方式
教师的可能支持策略 • 和儿童一起游戏，鼓励观察、提问和假设。 • 做示范，大声说出自己关于"如果……会发生什么"的思考，并尝试看看结果如何。 • 为儿童提供鹰架，帮助他们确定方法以验证自己的假设。 • 你还有哪些可以尝试的支持策略？

在游戏中有意识地达到这一标准的方式	
可能的材料、环境变化或分组策略	**教师支持策略**
记录儿童在游戏中探索推和拉以及其他科学概念时提出的问题和假设。	为儿童提供鹰架，让他们陈述自己的问题，并确定必须做什么来观察和预测。通过音频、视频或书面方式进行记录。
为儿童提供空间和材料，以研究推拉物体。请儿童使用不同大小的积木推物体。提供各种绳索、松紧带、织物和绳子，用于拉动物体。	挑战儿童，计划并进行一项调查，比较不同工具推拉各种物体的力度。
建议儿童两三人为一组，搭建坡道，在不同坡度的坡道上滚动各种物品，关注速度和滚动的距离。	提供激发物，请儿童比较不同坡度和物体的滚动差异。
鼓励儿童通过照片、录像、图画和书面文本的方式记录调查结果。	与儿童一起反思，用最合适的方式记录调查结果。鼓励儿童与集体分享记录结果。
你还能提供哪些材料、环境变化或分组策略？	你还有哪些可以尝试的支持策略？

领域：科学

分支：分析和解释数据

《缅因州早期学习与发展标准》[①]

科学领域标准：生命科学

观察和描述周围环境中的动物，了解它们的生活需要。

《新一代科学教育标准》（学前班）

从分子到有机体：结构与过程

K-LS1-1：通过观察，描述植物和动物（包括人类）的生存需求模式。

K-ESS3-1：用一个模型表示不同植物和动物（包括人类）的需求与它们生活的地方之间的关系。

这一标准在儿童游戏中自然发生的方式
示例 科学区：儿童观察、照顾、摆弄班级宠物。 图书区：儿童观看、阅读、倾听关于动物的非小说类书籍。 戏剧游戏区：儿童假装自己是动物，讲述动物实际生存所需的准确信息。 • 你还能在哪里看到这一标准自然地出现在儿童的游戏中？ • 儿童还能表现出哪些标准？
教师的可能支持策略 • 和儿童一起游戏，描述动物的特征及需求。 • 做示范，通过图书和网络搜索的方式获得更多关于动物的信息。 • 为儿童提供鹰架，在游戏中帮助儿童准确地表征动物的特点和需求。 • 你还有哪些可以尝试的支持策略？

---

① 英文为 Maine's Early Learning and Development Standards。——译者注

在游戏中有意识地达到这一标准的方式	
可能的材料、环境变化或分组策略	教师支持策略
在积木区和操作区提供动物形象,包括多样化的陆地动物和海洋动物以及鸟和昆虫等。	为儿童提供鹰架,帮助他们在玩动物形象的过程中了解动物的名称、比较它们的栖息地和生存所需。
创设一个专门的图书区,放置图书、海报、杂志、网络资料,用于研究植物和动物。	挑战儿童,让他们更多地了解班级和家庭中的宠物以及操场和当地社区里其他地方的动物的特点和需求。
邀请儿童帮忙种植和照料室内或者室外的班级花园。	提供激发物,请他们弄清楚植物生长需要什么,并将其与动物和他们自己的需求进行比较。
鼓励儿童写故事或在戏剧游戏中表演植物和动物以及它们的需求。	与儿童一起反思,让他们分享自己的故事或表演自己的剧本。
你还能提供哪些材料、环境变化或分组策略?	你还有哪些可以尝试的支持策略?

领域:科学

分支:解释原因并设计解决方案

2014年《蒙大拿州早期学习标准》①

核心领域4:认知

子领域:科学

物理科学标准4.17:儿童发展对物理世界(能量、非生命物质和维持自然界秩序的力量的本质和属性)的理解。

---

① 英文为 Montana Early Learning Standards 2014。——译者注

《新一代科学教育标准》(学前班)

能量

K-PS3-2:使用提供的工具和材料设计并建造一个结构,以减少阳光对地球表面的升温效应。

这一标准在儿童游戏中自然发生的方式
示例 户外:儿童在游戏时观察太阳、风和其他物理现象的性质。 科学区:儿童通过阳光充足的窗户或使用加热灯来研究热量。 感官桌:儿童将水倒在各种物体上,以体验水的力量。 • 你还能在哪里看到这一标准自然地出现在儿童的游戏中? • 儿童还能表现出哪些标准?
教师的可能支持策略 • 和儿童一起游戏,对光、声音和力的性质和特点进行评论。 • 示范研究能量的方法,如感受阳光的温暖或风力,或观察水的力量。 • 提供鹰架,帮助儿童认识他们周围的能量的影响。 • 你还有哪些可以尝试的支持策略?

在游戏中有意识地达到这一标准的方式	
可能的材料、环境变化或分组策略	教师支持策略
在有风的日子里,准备一些飘带(皱纹纸、布条)在户外玩耍。	为儿童提供鹰架,帮助他们观察风对飘带的影响,在操场上用不同的姿势、在不同的位置进行尝试。
在感官桌或户外的浴缸中提供水车及不同大小的杯子和水壶。	挑战儿童,让他们找出增加和减少水车中水的力量的方法。
邀请一个小组的儿童创造一种结构,用来减少来自某个光源(太阳、灯)的热量和光的影响。	提供激发物,请儿童减少来自某个光源的热量或光线的影响。提供布料、帐篷或雨伞等材料。在旁边进行安全监控和指导。
与儿童讨论世界上的能量和力的本质及属性。	与儿童一起反思,在能量的影响和力产生的效果显而易见时进行认知学习。
你还能提供哪些材料、环境变化或分组策略?	你还有哪些可以尝试的支持策略?

领域：科学

分支：开发和使用模型，获取、评估和交流信息

《田纳西州早期学习发展标准》（修订版）[①]

科学：科学思维

S.PK.3：使用图、表、科学日记等方式记录和梳理数据，以交流实验和探索的结论。

《新一代科学教育标准》（学前班）

工程设计

K-2-ETS1-2：开发一个简单的示意图、图画或物理模型，以说明一个物体的形状如何帮助它解决特定的问题。

这一标准在儿童游戏中自然发生的方式
示例
书写区：儿童根据他们的探索和调查结果进行绘画和书写。 艺术区：儿童创造模型和绘画，以说明实验或探索的结果。 音乐区：儿童探索各种乐器的声音，并通过模仿或语言描述来表现声音的不同。 • 你还能在哪里看到这一标准自然地出现在儿童的游戏中？ • 儿童还能表现出哪些标准？
教师的可能支持策略
• 和儿童一起游戏，讨论记录和组织数据及结论的方法。 • 示范创作图表、图形、示意图、图画或模型，以记录调查结果。 • 提供鹰架，帮助儿童选择和创造一种方法来记录他们的发现。 • 你还有哪些可以尝试的支持策略？

[①] 英文为 Revised Tennessee Early Learning Developmental Standards。——译者注

在游戏中有意识地达到这一标准的方式	
可能的材料、环境变化或分组策略	教师支持策略
在所有的游戏区,为儿童提供纸张、写字板及预先装订好的空白日记本等书写和绘画材料。	为儿童提供鹰架,帮助他们找到记录观察和探索的方法。
提供制作模型需要的橡皮泥、黏土、颜料和立体模型材料。	挑战儿童,建构三维模型来记录观察结果(比如:用积木做一座桥的小模型,绘制植物从种子开始生长的图画)。
邀请小组儿童探索,使用乐器发出声音的方法。	提供激发物,请儿童根据演出乐器的差异进行分类(可包含敲击的乐器、弹拨的乐器、摇晃的乐器、需要吹气的乐器)并绘制图表。图表可以是用于整理乐器的平面图,也可以在图表或纸上写或画。
鼓励儿童随着时间的推移,重新审视他们的观察记录。	与儿童一起反思,回顾他们的观察。他们学到了哪些新东西?会增加一些不同的东西吗?可以用不同的方式表征他们的学习吗?
你还能提供哪些材料、环境变化或分组策略?	你还有哪些可以尝试的支持策略?

✵ 学前班里的游戏故事

皮特注意到,学前班的儿童对安装弹珠跑道以使弹珠在滚下斜坡时加速表现出极大的兴趣。他开始与特别投入的儿童互动,讨论他们设置斜坡的角度,鼓励他们观察当角度变陡时发生了什么。最初感兴趣的儿童非常兴奋,因为他们开始能够成功地预测哪个角度可以产生更快的速度。他们的兴奋引起更多儿童的兴趣。皮特和他的搭班教师决定让儿童参与对斜面的全面研究中。

最初,他们为建造坡道提供了很多材料。幸运的是,他的活动室挨着大楼里一条孤立的走廊，他们可以在那里摆放大型的材料进行探索。儿童用塑料大理石跑道、长纸板管和长木板搭建斜面及坡道。首先，他们将各种材料分开使用。然后，他们发现可以把它们结合起来。他们把不同类型的球和车辆滚下斜坡，在教师的帮助下测量距离和速度。他们在学校大楼周围进行探索，在所处的环境中寻找斜面，并发现了连接大楼一层与另一层的斜坡。他们在室外的雪堆上造出倾斜的平面，在结冰的表面上滚雪球。皮特和他的同事为儿童的探究拍照，并鼓励儿童写下他们的经历，制作公告展板、班级图书和个人科学日记。这项研究持续了数周，儿童继续探索用各种材料增加速度和距离的方法。

达到了哪些标准

关于斜面的研究结合了以下科学实践。

- 提出问题（科学方面）和定义问题（工程方面）。
- 开发和使用模型。
- 计划和开展调查。
- 分析和解释数据。
- 解释原因（科学方面）并设计解决方案（工程方面）。
- 获取、评估和交流信息。

此外，在对斜面的研究中，儿童探索了运动、重力等力的科学概念，以及其他领域的以下标准。

- 在建造坡道和测量速度及距离时，儿童探索了几何和空间关系。
- 在一起工作并进行交谈时，儿童的词汇量得到发展。

- 在记录观察结果时，儿童的书写技能有所提高。
- 在表现出好奇心、主动性、解决问题的能力和坚持不懈时，儿童的学习品质得到发展。

第十章
在游戏中达到社会研究标准

社会研究是一个宏大的领域，涵盖地理、历史、经济、政治科学、人类学、社会学、生态学和交通运输等方面。与社会研究相关的幼儿园和学前班方面的州和国家标准遵循不同的方法，这并不奇怪。以文化研究为例，一些社会研究标准将社区和文化作为对个人及其在社会中所扮演的角色的理解的一部分，另一些标准则把它涵盖在历史中，还有一些标准把文化放在地理之中。在《蒙大拿州早期学习标准》中，社区中的个人生活本身就是一个类别，它从所有儿童最先了解的家庭开始。但是，《马里兰州早期学习标准》（Maryland's Early Learning Standards）强调了了解社区规则和社区管理机制的重要性，这为理解政治科学和管理铺平了道路。

这些方法没有对错之分。相反，它们证明了有关人类和社会的研究如此广泛。在这种情况下，似乎应该牢记的是：所有标准都是文化和社区的独特表达，以及人们所重视的并希望传递给儿童的关于社区和文化的东西。

那么，在学前教育阶段，社会研究领域到底包括哪些内容？美国教育哲学家约翰·杜威（John Dewey）认为，社会研究应该遵循儿童的主动性和学习兴趣，并且是基于活动的学习的基础（Mindes, 2005）。我们看到，社会研究的理念最初是作为"背景知识"的一部分呈现给儿童的，这是早期读写能力中词汇和理解的关键内容。美国教育研究者罗伯特·玛扎诺（Robert Marzano）写道："研究人员和理论家把个体对某个话题已经知道的东西称为'背景知识'。"（Marzano，2004）"已经知道"的部分对未来的学习而言是非常重要的，同时也可能使教师感到困惑。儿童知道得越多，他们能够了解的就越多。

最近一项研究发现：来自低收入家庭的学生相较于来自中等收入家庭的同伴而言，常常在学业上表现更差，因此其词汇量似乎更少且理解能力也更差（Kaefer，Neumann，& Pinkham，2015）。这就是来自贫困环境的儿童一开始处于赤贫状态的原因之一。我们在这里只是想说明背景知识是非常重要的，幼儿园和学前班的社会研究内容主要是儿童从社会生活中学习的。

但是，如何向儿童教授他们应该"已经知道"的知识呢？简单地说，教师的作用是利用丰富多样的活动拓展儿童的背景知识，增加儿童的词汇量，以使他们能够描述自己的经验。鉴于社会学学科领域的广泛性以及它与儿童日常生活紧密联系的特点，我们并没有将所有可能的主题纳入这一领域；也不会像其他州那样梳理将要达到的标准。事实上，一些早期学习标准甚至没有社会研究领域。我们从许多州和国家的标准中选择了以下四个分支。

- 地理
- 历史
- 社区、公民和政府
- 经济

我们将从年幼学习者的角度来审视这些分支。我们不会要求儿童记住世界各国首都的名字，或者研究不同经济体系的图表。相反，我们将聚焦于儿童必备的基础能力，以使他们更多地了解世界，并为日后在学校中学习社会研究的诸多主题做好准备。让我们更仔细地探讨每一个分支。

- 地理是指我们在世界中所处的位置，既包括人类/社会空间（社区），又包括物理空间（我们所处的空间）。它始于我们对人类共同生活、工作和娱乐的认识中。年幼的儿童对于家庭最熟悉，随后他们开始更多地了解班级和学校，之后是他们所居住的城镇或城市。地理也与位置有关，这就是为什么向幼儿园和学前班的儿童介绍地图是有帮助的。地图是地理学家解释世界的方式。

- 历史是指事物如何随着时间的推移而发生变化。对年幼的儿童来说，历史可能从他们昨天做的事情开始。他们也可以更多地了解自己以及家庭的历史（当我还是一个婴儿的时候，我做了什么？我的爸爸或者妈妈还是婴儿的时候做了什么？）。当儿童思考过去和现在的时候，这些话题变得更有意义。我的昨天和今天一样吗？如果不一样，它们哪里不同？我爸爸喜欢的游戏和我喜欢的游戏是相同的还是不同的？这种比较和对比的能力也会在科学和数学部分中被发现。

- "社区、公民和政府"这一分支与人际关系有关。对年幼的儿童来说，人类关系的基本要素是在学习者群体中如何交朋友、如何与他人相处以及如何遵守基本的规则。本章的重点在于帮助儿童理解他们在广阔的世界中是谁，包括社会生活惯例，比如个体在社区中的角色和功能，也包括社区是如何建构的以及它们的关系模型。用高宽课程（HighScope）理念的话来说，它是关于从我到我们的转变（Neill，2015）。

- 经济开始于"想要"和"需要"，以及稀缺资源的分配。当两名儿童想要同样的玩具时，解决这一问题所需的知识和技能可能包括学会如何分享，这常常是社会情感领域的一个话题。在社会研究领域，这一话题是指将分享理解为维持社会平衡的必备技能，因为很少有足够的东西可以让每个想要的人都立即得到。这一话题也包括理解什么是"想要",以及它与"需要"的不同。这些话题从未远离儿童的日常生活经验。

本章将针对该领域的每个分支提供标准示例,并探讨将其融入儿童主导的开放式游戏活动中的方法。首先,我们建议你观察整个活动室里游戏中的儿童,思考你所观察到的与特定标准相关的情况。然后,建议教师通过增加材料、改变环境、使用分组策略等方式,有意识地计划以达到这些游戏区域和游戏活动中的标准。在整个过程中,请你思考观察、支持和有意识地达到标准的其他方法。我们意识到,每个班级和儿童群体都不相同,你对儿童及环境的了解将是非常重要的因素。

本章最后将分享一个故事,讲述一位教师如何根据不同领域中的许多标准来设计游戏。实际上,许多标准被整合进儿童的游戏活动中。在游戏中,一次只达到一条标准是不可能的。这就是为什么对幼儿园和学前班的儿童来说,游戏是如此丰富和令人兴奋的课程方法。希望你在阅读接下来的表格中所列的具体示例时,思考你所在的班级和所教的儿童群体,提出自己的想法。也建议你在教师计划整合性游戏活动(如本章末尾所分享的)时,看一看儿童表现出不同领域中多条标准的方式。

领域:社会研究

分支:地理

《科罗拉多州幼儿园社会研究学习标准》[①](地理)

准备毕业:了解空间、视角以及个人与世界的联系。

---

① 英文为 Colorado Preschool Social Studies Academic Standards。——译者注

结果表现如下。

1. 使用方位短语，包括但不限于"上面""下面""这里""那里""里面""外面""向上""向下"。

2. 认识常见的场所，包括但不限于家庭、学校、食堂和体育馆。

3. 描述周围的环境。

4. 使用图片找到熟悉的位置。

5. 使用非言语的表述方式表达对地理术语的理解。

《北卡罗来纳州基本标准》[①]（学前班社会研究）

地理和环境素养

基本标准：K.G.1　使用地理表征和术语描述周围的环境。

明确目标：

K.G.1.1　使用地图确定班级、学校和家的位置。

K.G.1.2　使用地球仪和地图确定陆地及水的特征。

K.G.1.3　了解物理特征（山脉、丘陵、河流、湖泊、道路等）。

K.G.1.4　使用方位词语（"近／远""左／右""上／下"等）确认活动室中的位置。

这一标准在儿童游戏中自然发生的方式
示例 *积木区*：当儿童用积木搭建时，他们会用"上面""下面""向上"或"向下"等方位词语谈论积木的位置。 *感官桌*：儿童一起玩水和沙子，建造池塘、湖泊、溪流、河流、岛屿和其他地貌特征。 *戏剧游戏区*：儿童在特定的地理环境中进行游戏，比如，假装在海上坐船、在山区或沙漠里徒步旅行，或者在海滩游泳。 • 你还能在哪里看到这一标准自然地出现在儿童的游戏中？ • 儿童还能表现出哪些标准？

---

① 英文为 North Carolina Essential Standards。——译者注

（续表）

这一标准在儿童游戏中自然发生的方式
教师的可能支持策略
• 和儿童一起游戏，观察他们对介词的使用，并进行评论，以加强儿童的理解和使用。
• 通过询问和回答关于你在活动室里的位置、其他儿童或游戏区的位置等问题，示范你的空间定位方法。
• 当儿童描述他的周围环境和他喜欢去的地方的位置时，为儿童提供鹰架。
• 你还有哪些可以尝试的支持策略？

在游戏中有意识地达到这一标准的方式	
可能的材料、环境变化或分组策略	**教师支持策略**
创建一个地理游戏区，包括地图、地图拼图、地球仪、照片，或以山脉、河流、海洋、道路、城市和城镇为专题的书籍，以及艺术作品、橡皮泥和书写材料，这样儿童就可以用非言语的方式描述他们正在学习的内容。	为儿童提供鹰架，帮助儿童在地球仪上寻找位置，或支持他们使用地图、绘画或橡皮泥表征地点或地理特征。
在图书区添加一些以地理术语为专题的书籍，如《母鸡萝丝去散步》①（*Rosie's Walk*，Pat Hutchins）或《我藏在哪里？》（*Where Am I Hiding?*，Pamela Zagarenski）。	挑战儿童，请儿童表演如何描述位置（比如：爬到桌子下面，站和坐或者站在旁边或后面）。
玩躲猫猫游戏，但使用地图确定儿童或者物品藏起来的位置。	提供激发物，请儿童用地图显示他们要躲藏的地方。开始时，让儿童在通用的活动室地图上画躲藏的地方，之后让他们自己绘制整个地图。
请儿童带来一个物品，以代表自己最喜欢的地方。	与儿童一起反思，这个物品以及它所代表的地方： • 这个地方在哪里？ • 这个物品和地方之间有什么联系？ • 为什么这里是"最喜欢的"地方？

---

① 该书的简体中文版已由明天出版社于 2017 年出版。——译者注

（续表）

在游戏中有意识地达到这一标准的方式	
可能的材料、环境变化或分组策略	教师支持策略
你还能提供哪些材料、环境变化或分组策略？	你还有哪些可以尝试的支持策略？

领域：社会研究

分支：历史

《弗吉尼亚州早期学习基础模块：针对 4 岁儿童的综合标准》

弗吉尼亚州历史和社会科学：基础模块 2

历史 / 随着时间的变化

儿童会发展出对时间变化的意识。

儿童通过发生在自己和周围人身上的具体事件来发现和意识到时间。从儿童自己的历史开始，然后是祖父母的小时候，接下来是生活记忆之外的时期。

- 描述儿童从婴儿时期开始发生的变化。
- 用诸如"之前""之后""现在"和"当时"之类的词语表达过去和现在的区别。
- 对事件和物体进行排序。
- 提出关于过去日常生活中的器物的问题。
- 复述故事中的情节。
- 扮演一个特定时期的角色，使用符号和道具，表演一个故事/小说。
- 通过故事、图片、参观、歌曲和音乐描述过去的时光。

《密歇根州——年级内容预期》[①]（学前班社会研究）

历史：共同生活和工作

用历史的思维理解过去。

K-H2.0.1：区分昨天、今天和明天。

K-H2.0.2：用自己生活中的事件（如出生、爬行、行走、掉第一颗牙、第一天上学）创建一个时间轴。

K-H2.0.3：理解历史叙事或故事的开始、中间和结束。

K-H2.0.4：描述人们了解过去的方式（如照片、工艺品、日记、故事及录像）。

这一标准在儿童游戏中自然发生的方式
示例
感官桌：儿童找出埋在沙子里的"化石"，把它们当作过去的物品来谈论。
图书区：读完一个故事后，儿童回忆过去发生的事情。
艺术区：儿童把生活中已经发生的事情画出来（"这是我们去动物园的时候。""这是我婴儿时的样子。"）。
• 你还能在哪里看到这一标准自然地出现在儿童的游戏中？
• 儿童还能表现出哪些标准？
教师的可能支持策略
• 和儿童一起游戏，询问他们现在正在做的事情以前是否做过，是什么时候做过，体验如何。最后，问问他们过去做和现在做这件事有什么相同或不同之处。
• 做示范，谈论过去的经历。
• 为儿童提供鹰架，帮助他们用语言的顺序和过去的行动来描述，你可能会说："那么首先发生了什么？""然后发生了什么？"
• 你还有哪些可以尝试的支持策略？

[①] 英文为 Michigan – Grade Level Content Expectations。——译者注

在游戏中有意识地达到这一标准的方式	
可能的材料、环境变化或分组策略	教师支持策略
投放一个挂历或每天可撕页的台历。在戏剧游戏区添加一个日历，以便儿童用它进行预约。在数学区，他们可以讨论哪一天是前一天，哪一天是后一天。	为儿童提供鹰架，在日历上画出重要的日期，如生日或节日，并通过圈出今天的日期和重要的日期来显示它离今天有多近或多远。
使用儿童的婴儿时期照片，将其塑封并变成扑克牌，玩各种匹配和排序游戏。	挑战儿童，添加第二副"牌"，牌上有儿童今天的照片，增加更多有关混合搭配的挑战。
把一些古老的人工制品放在科学区，可以是古老的骨头、古董等过去的物品。谈谈这些东西在多长时间以前被使用过以及是怎么使用的。以年长的家庭成员为参考（"当你的奶奶还是个小女孩的时候，她用手动打蛋器来搅拌鸡蛋"）。	提供激发物，包括一个类似的现代物品，请儿童在游戏区中游戏时比较和对比这两件物品。
鼓励儿童参与生日聚会游戏，并思考不同家庭庆祝生日的不同方式。	与儿童一起反思他们的年龄，讨论他们家过去的生日庆祝活动，询问他们从父母那里知道的关于自己婴儿时的事情。
你还能提供哪些材料、环境变化或分组策略？	你还有哪些可以尝试的支持策略？

领域：社会研究

分支：社区、公民和政府

《蒙大拿州早期学习标准》

核心领域1：情感/社会

子域名：社区

标准1.3——社区：儿童发展出对社区运作基本原则的理解，包括工作角色和商业。

- 观察其他儿童。

- 与其他儿童互动。
- 在另一名儿童旁边进行平行游戏。
- 认识并使用同伴的名字。
- 扮演不同家庭或社区中成员的角色。
- 显示出对金钱和商业的初步认识。
- 认识社区工作者并描述他们的工作。
- 表现出社区建设技能。
- 描述自己长大后想做什么。

《新墨西哥州社会研究标准》[①]（学前班到 4 年级）

内容标准Ⅲ：学生理解公民的理想、权利和责任，理解美国建国文件的内容和历史，特别强调美国和新墨西哥州的宪法，以及政府在地方、州、部落和国家层面如何运作。

K—4 基准Ⅲ-A：知道地方、州、部落和国家政府的基本宗旨、概念、结构和职能。

K1：认识权威人物并描述他们的角色（如家长、教师、校长、督学、警察、公职人员）。

这一标准在儿童游戏中自然发生的方式
示例 户外：当儿童玩弹球游戏时，他们扮演特定的角色并遵守规则。 感官桌：儿童合作完成一项任务。比如：一个人倒水，另一个人拿着容器；用前装车或翻斗车运沙，以建造城镇或城市景观。 操作区：儿童玩小型玩具消防车、警车、水泥搅拌机、救护车、拖车和公交车或移动货车，完成各种社区工作者和权威人物的拼图。 • 你还能在哪里看到这一标准自然地出现在儿童的游戏中？ • 儿童还能表现出哪些标准？

---

① 英文为 New Mexico Social Studies Standards。——译者注

（续表）

这一标准在儿童游戏中自然发生的方式
教师的可能支持策略
• 和儿童一起游戏，把他们正在做的事情和可能的成年人职业联系起来（儿童如果在画画，就讨论艺术家的作品；如果用积木建构，就讨论建筑师、工程师和建筑工人；如果踢球，就讨论不同球类的运动员和教练；如果在科学领域探索，就谈谈科学家和研究人员的工作）。
• 示范在活动室里培养集体意识的方法，比如，在一起玩的时候叫儿童的名字、明确规则并遵守规则以及在游戏中合作。
• 为儿童提供鹰架，支持儿童尊重他人、倾听、互相帮助和合作游戏。
• 你还有哪些可以尝试的支持策略？

在游戏中有意识地达到这一标准的方式	
可能的材料、环境变化或分组策略	教师支持策略
在区角活动之前，让儿童进行一场对话，讨论如何让整个班级的游戏时间更有趣。征求意见并问不同儿童对这些想法的看法。	为儿童的谈话提供鹰架，请他们就如何改善游戏区域这一问题进行讨论并提出建议，试着帮助儿童合作做出决定，同时定期回顾这个话题。
添加各种各样的帽子。鼓励儿童用它们确定自己想在场景中扮演的角色，如消防员、警察、厨师、教授（学位帽）、艺术家（贝雷帽）和护士（护士帽）的帽子。	挑战儿童，让他们选择帽子，讨论特定工作的不同方面，并与他们一起开展带有这些细节的角色扮演游戏。
与儿童一起玩合作游戏，如改编的抢座位游戏（儿童必须想办法伴随音乐在椅子数量比儿童数量少的情况下，腾出空间给所有儿童坐）、合作让气球保持在空中。	提供激发物，每一轮撤掉一把椅子或只靠吹来保持气球的高度。
游戏结束时，要有一个既定的要求，即所有儿童都要把东西收拾好。把重点放在合作上，以确保所有东西都被清理干净，这样提前完成的儿童就可以帮助还没有完成的儿童。	与儿童一起反思，整理活动室的感觉怎么样，以及合作如何使任务完成得更快。
你还能提供哪些材料、环境变化或分组策略？	你还有哪些可以尝试的支持策略？

领域：社会研究

分支：经济

《马里兰州早期学习标准》（0—8岁）

经济标准：学生将理解有助于生产者和消费者做出正确决定的经济原则和过程。

A. 稀缺性与经济决策（4岁）

1. 认识到人们因为无限的经济需求而不得不做出选择。
2. 认识到材料/资源是用来制造产品的。
3. 解释科技如何影响人们的生活、工作和娱乐方式。

《俄勒冈州社会科学内容标准》[①]（学前班）

经济/金融素养

K.15：了解货币的各种形式并解释货币的使用方法。

K.16：举例说明社区中的不同工作。

K.17：了解案例中不同物品的所有权，认识到私有权和公有权之间的区别，以及共享的必要性。

K.18：解释工作如何提供收入。

K.19：区分"想要"和"需要"。

这一标准在儿童游戏中自然发生的方式
示例 操作区：儿童正在按照硬币的实际面额进行排序。 户外：儿童在游戏时间要玩一两种游戏设施。有些活动需要排队，比如从滑梯上滑下来或轮流踢球。在有限的时间和有限的游戏机会中，儿童会决定在某些活动中做什么。

---

① 英文为 Oregon Social Sciences Academic Content Standards。——译者注

（续表）

这一标准在儿童游戏中自然发生的方式
示例
书写区：儿童用收据或空白发票写订单或记录交易。 • 你还能在哪里看到这一标准自然地出现在儿童的游戏中？ • 儿童还能表现出哪些标准？
教师的可能支持策略
• 和儿童一起游戏，并询问如果另一名儿童想要加入，是否有足够的物品可以玩。 • 做示范，询问他们玩的物品是如何制造的。 • 为儿童提供鹰架，在儿童表达对某物的渴望时，帮助他们理解"想要"和"需要"之间的区别。 • 你还有哪些可以尝试的支持策略？

在游戏中有意识地达到这一标准的方式	
可能的材料、环境变化或分组策略	教师支持策略
在戏剧游戏区添加游戏货币（纸币和硬币）、钱包和皮包、空白支票、假装的信用卡/借记卡。把货币交易作为家庭角色游戏的一部分。例如，一位水管工假装来你家修理水槽，就需要向他支付服务费。	为儿童提供鹰架，帮助他们思考家人在生活中是如何使用现金、支票或者信用卡的。
将一个戏剧游戏区布置成商店（杂货店、鞋店、花店），增添玩具收银机、游戏货币、信用卡、支票和收据。	挑战儿童，让儿童思考不同类型的商店里的各种工作者和工作岗位，并参与准确反映这些角色的戏剧游戏。
在艺术区，提供模板和材料，以支持儿童制作他们自己的货币（纸币和硬币）。	提供激发物，请儿童在他们的货币中增加一些常见的特征，如人物的图片、与货币面额相应的数字、印章等其他符号。
让儿童把旧杂志上物体的图片剪下来，然后把这些图片粘在一张纸上，按照"想要"和"需要"进行分类。	与儿童一起反思，什么是我们想要或者需要的东西（想要是指我们想要拥有的东西，需要是指我们生活所必需的东西）。儿童能理解的例子是，我们需要喝水，但是我们想要苏打水。

（续表）

在游戏中有意识地达到这一标准的方式	
可能的材料、环境变化或分组策略	教师支持策略
你还能提供哪些材料、环境变化或分组策略？	你还有哪些可以尝试的支持策略？

✤ 幼儿园里的游戏故事：自助洗衣店项目

克莱尔是一位正在积极推进"项目教学法"（Chard，1994）的幼儿园教师。她给3岁和4岁的儿童大声朗读受欢迎的幼儿故事《小熊可可的口袋》①（*A Pocket for Corduroy*，Don Freeman），这个故事讲的是一个可爱的泰迪熊，名叫可可，它在百货公司的货架上等待着，直到被买下来成为一个小女孩的朋友。克莱尔读完后，孩子们提出了问题。他们指出，在故事中，可可被放在一家自助洗衣店的洗衣机里进行清洗，他们想知道那是什么。克莱尔的班级在一个农村社区，孩子们从来没有见过自助洗衣店。

克莱尔意识到，她可以通过跟进儿童的问题来扩展他们的背景知识。她决定组织一次项目调查。在两个星期里，全班儿童一起学习更多关于自助洗衣店的知识。他们到附近小镇的一家自助洗衣店进行了实地考察，帮助教师把衣服放进洗衣机，添加洗衣粉，放上硬币，然后把洗衣机打开。他们把湿衣服放在推车里，然后把它们放到烘干机里。他们看着衣服在烘干机里不停地旋转，就像他们在书上读到的那样。他们看到衬衫可以被放在衣架上，并挂在推车上方的栏杆上。他们把自己家人

---

① 该书的简体中文版已由北京联合出版公司于2017年出版。——译者注

在家洗衣服和晒衣服的方式与自助洗衣店洗衣服的方式进行比较,并通过画画和在写字板上做笔记的方式记录他们学到的东西。他们还改变了班级里的游戏区,增加了投币洗衣机和烘干机以及带衣架的推车。

克莱尔和孩子们还谈到了百货商店及大城市。他们在地球仪上找到纽约市的位置,并查看了曼哈顿的照片。他们根据调查结果在积木区内建造了摩天大楼和桥梁。他们创建了自己的百货商店,在活动室里"买卖"毛绒玩具和其他物品。这个项目持续了几个星期,有许多参与性的、儿童主导的开放式游戏。克莱尔意识到,她正在达到自己所在州中与社会研究和其他领域相关的早期学习标准。

达到了哪些标准

- 通过阅读和听故事,儿童获得书本知识。
- 儿童的提问技巧得到发展。
- 在提问和回答关于《小熊可可的口袋》的问题时,儿童的口语能力得到发展。
- 在自助洗衣店使用钱等情境中,儿童的经济学概念得到发展。
- 通过扣衬衣的纽扣,儿童的精细运动技能得到发展。
- 通过记笔记,儿童的书写能力得到发展。
- 通过画洗衣店的图片,儿童的艺术能力得到发展。
- 在推着手推车转动时,儿童会了解有关运动的科学知识。
- 儿童可以从地理的角度了解地理位置和城市,以及使用地图和地球仪。

第十一章
在游戏中达到身体和动作发展标准

有人怀疑,游戏可以帮助儿童发展身体技能吗?我们认为不会,但我们想更深入地思考所有与儿童主导的开放式游戏有关的精细运动和粗大运动发展的潜力。与在学校里引发焦虑的高风险学业技能相比,儿童掌握身体技能的需求有时似乎是"不必要的"。事实上,身体发展是幼儿园和学前班中需要受到重视的一个重要领域。儿童确实需要被教导如何使用小肌肉来完成精细运动任务,以及如何使用大肌肉来运动、健身和锻炼。

随着儿童肥胖率处于历史高位,托儿所、幼儿园和小学的教育工作者在应对这一危机中的作用越来越重要(Harvard T. H. Chan School of Public Health[①],2016)。美国儿科学会(American Academy of Pediatrics)已经发表了立场声明,以满足儿童对参与活跃的身体游戏的需求(Ginsburg,2007)。体育正在经历一场革命,越来越多的体育教师把注意力集中到增加儿童中等到剧烈活动水平的机会上,而不是只强调体育运动。现在的重点是在生命早期培养健康的活动和饮食习惯,使其成为终生的习惯。

国家健康专家告诉我们,儿童需要更加有活力。例如,美国疾病控制与预防中心(Centers for Disease Control and Prevention)建议所有儿童每天至少进行 60 分钟的体育活动。这一建议在美国运

---

① 即哈佛大学陈曾熙公共卫生学院。——译者注

动与体育协会（National Association of Sport and Physical Education）的标准以及《儿童营养和体育活动自我评估》（Nutrition and Physical Activity Self-Assessment for Child Care）的工具中得到响应（SHAPE[①]，2009）。重要的是，教育工作者要认识到，即使在课间休息（这段时间通常被认为只不过是自由活动的时间）时，儿童也要有很多机会练习运动技能、社交能力和语言能力，从而落实运动60分钟的建议。

除了积极活动之外，运动或运动标准还推动儿童其他方面的发展。年幼的儿童特别容易学习运动技能，因为他们的大脑和身体发育非常迅速。这些标准确定了诸如协调、平衡、空间和身体意识、身体素质以及整体健康意识之类的技能领域。精细运动技能也被提及，包括用手指和手操作、移动小物件等。精细运动技能对于穿脱衣服、扣扣子、拉拉链或系鞋带等任务是必不可少的，对入学准备而言也是非常重要的。当儿童拿着铅笔或记号笔画画和写字，使用剪刀、打孔器和其他工具时，他们就会使用精细运动技能。游戏活动可以提供许多机会，让儿童练习和掌握粗大运动技能和精细运动技能。

在有关幼儿园和学前班儿童身体运动发展的州和国家标准中，似乎有以下四个共同的分支。

- 大肌肉动作/运动技能
- 精细动作/运动技能
- 健康和发展
- 活跃的身体游戏：积极参与、心血管和肌肉耐力、肌肉力量及灵活性

---

① 英文全称为 Society for Health and Physical Educators，即健康与体育协会。——译者注

第一条和最后一条可能看起来相似，但我们想强调两者之间的明确差异。一方面，大肌肉运动发展强调以特定的方式活动大肌肉，如爬、跑、跳、扔、踢、蹦和接球，重点是在做这些活动时的平衡、协调和控制。另一方面，活跃的身体游戏［英文为 Active Physical Play，我们从《加利福尼亚州幼儿园学习基础》中提取这一描述词，并在本章后面使用它］是指健康而持续地参与激烈的运动，因而被视为有氧运动，它有助于心血管健康，增强肌肉和骨骼。这两方面都很重要，有些标准强调了定期参加高强度体育活动的重要性，由于它已经开始从儿童的生活中消失。这意味着，尽管体育活动可以通过游戏进行，它也需要一些教师的推动和促进（Brown et al., 2009）。

教师和管理者应该意识到，他们自己对体育锻炼的态度可能会影响他们对这些标准的看法。也许，我们没有像自己希望的那样更多地锻炼，或者从来都不擅长运动，所以开始低估锻炼对儿童的重要性。作为教师和管理者，我们的职业责任是帮助所有儿童达到所有标准。

对于前文所阐述的每一条分支，本章针对幼儿园和学前班提供了标准样本。对于每一条分支，我们也探讨将其融入儿童主导的开放式游戏活动中的方法。首先，我们建议你观察整个活动室里游戏中的儿童，思考你所观察到的与特定标准相关的情况。然后，建议教师通过增加材料、改变环境、使用分组策略等方式，有意识地计划以达到这些游戏区域和游戏活动中的标准。在整个过程中，请你思考观察、支持和有意识地达到标准的其他方法。我们意识到，每个班级和儿童群体都不相同，你对儿童及环境的了解将是非常重要的因素。

本章最后将分享一个故事，讲述一位教师如何根据不同领域中的许多标准来设计游戏。实际上，许多标准被整合进儿童的游戏活动中。在游戏中，一次只达到一条标准是不可能的。这就是为什么对幼儿园和学前班的儿童来说，游戏是如此丰富和令人兴奋的课程方法。希望你在阅读接下来的表格中所列的具体示例时，思考你所在的班级和所教的儿童群体，提出自己的想法。也建议你在教师计划整合性游戏活动（如本章末尾所分享的）时，看一看儿童表现出不同领域中多条标准的方式。

领域：身体和动作发展

分支：大肌肉动作 / 运动技能

《俄亥俄州早期学习与发展标准》[①]**（从出生到学前班）**

领域：身体健康和动作发展

分支：大肌肉——平衡和协调

标准：

- 在身体游戏中表现出身体的控制、协调和平衡等移动技能（如跑、单脚跳、双脚跳）；
- 在身体游戏中表现出使用物体的协调性（如投掷、接住、踢球、骑三轮车）；
- 在身体游戏中使用控制、平衡和协调等非移动技能（如弯腰、伸展和扭动）；
- 在体育活动和运动中表现出空间意识。

《美国运动与体育协会的国家体育标准》[②]

标准 1：身体素质好的人在各种运动技能和运动模式中表现出能力。

[①] 英文为 Ohio Early Learning and Development Standards。——译者注
[②] 英文为 National Association of Sport and Physical Education National Standards for Physical Education。——译者注

这一标准在儿童游戏中自然发生的方式
示例 **户外**：儿童奔跑、攀爬操场上的游戏设施、扔球、踢球。 **音乐区**：儿童倾听、运动、随着音乐跳舞、控制和协调他们的动作，并与节拍同步。 **戏剧游戏区**：儿童利用粗大运动技能从桌子下面爬过去，把毯子盖在桌子上，把它作为山洞或露营帐篷的一部分。他们在一个大箱子中爬进爬出，认为它是去火星的火箭飞船。 • 你还能在哪里看到这一标准自然地出现在儿童的游戏中？ • 儿童还能表现出哪些标准？
教师的可能支持策略 • 在户外和儿童一起游戏、跳舞，或者进行可活动身体的戏剧游戏。 • 做示范，在户外游戏中或者随着音乐跳舞时增加特定动作的难度。难度可以是更需要体力，或者更有力度。例如，在舞蹈动作中增加深蹲，或者沿着地板上的绳子行走。 • 移除障碍，为儿童活跃的游戏提供鹰架。例如，邀请一名不活跃的儿童和你一起踢球或来回滚球，或者在操场上跳跃，或者帮助那些爬梯子去滑滑梯有困难的儿童。 • 你还有哪些可以尝试的支持策略？

在游戏中有意识地达到这一标准的方式	
可能的材料、环境变化或分组策略	教师支持策略
在活动室的游戏区域添加球和篮子，让儿童两人一组把球投进篮子，再把球捡回来。确保活动室有不同大小的球。	当儿童需要时为其提供鹰架，然后向儿童提出挑战：把篮子移动到更近或更远的位置。
设置一个障碍赛，有可以从其底下爬过的桌子、可以跳过去的隐蔽胶带"障碍"、可以绕过去的锥形交通路标、可以滑下去的滑梯，还有可以爬过去的塑料隧道。	通过秒表计时向儿童提出挑战，看看是否每名儿童都能以更快的速度通过障碍。

在游戏中有意识地达到这一标准的方式	
可能的材料、环境变化或分组策略	教师支持策略
一群儿童一起跳舞，效果会更好，也更有感染力。首先播放一些活泼的音乐，给儿童一些用于跳舞的围巾或者用于伴奏的节奏棒，以此增强兴趣。打击乐也是一种运动。	挑战儿童，设置一个"魔法地毯"。用一块普通的地毯，假装它有让你跳舞的魔法。你一踩上它就会开始跳舞。邀请儿童踩上地毯，看看他们是否也会跳舞。另一个方法是，打开和关闭音乐，看看儿童是否能在音乐停止时停下来（"别动"），在音乐响起时开始跳舞。
对大多数球类游戏而言，两名儿童一组是基本要求。帮助儿童在户外身体游戏中找到游戏伙伴。努力确保每名儿童都能参与其中。	与儿童一起反思，自己在活跃的游戏中最喜欢什么。 • 室内还是户外？ • 独自游戏还是与同伴游戏？ • 有还是没有成年人？ • 使用物品还是在带轮的玩具或设备上？ • 在开放的空间里游戏和移动。 利用这些反思，为儿童的身体游戏提供额外的指导和支持。
你还能提供哪些材料、环境变化或分组策略？	你还有哪些可以尝试的支持策略？

领域：身体和动作发展

分支：精细动作 / 运动技能

《亚拉巴马州幼儿园儿童发展标准》[①]

身体发展

目标 2：儿童发展精细运动技能。

PD.P.2.1：发展并展现小肌肉的力量和协调性。

---

① 英文为 Alabama Developmental Standards for Preschool Children。——译者注

《俄克拉荷马州学前班标准》[①]

运动技能与终身活动发展：精细运动发展

标准1：儿童将参与涉及精细运动技能的活动。

这一标准在儿童游戏中自然发生的方式
示例
书写区：儿童使用不同种类、大小的书写工具和剪刀。
操作区：儿童捡起小的操作材料进行分类。他们移动和放置拼图碎片，串珠子，练习系鞋带。
科学区：儿童拿着磁铁或者放大镜四处走动。
• 你还能在哪里看到这一标准自然地出现在儿童的游戏中？
• 儿童还能表现出哪些标准？
教师的可能支持策略
• 和儿童一起游戏，让他们递给你一些需要他们捡起小物件或使用精细运动技能的东西。
• 做示范，使用新投放到游戏区的各种新材料，如放大镜、镊子、钳子、串珠、金属板上的磁性字母、筷子和衣夹。
• 为儿童提供鹰架，让儿童拿更小、更薄的物品之前先拿更大、更厚的物品；确保有许多不同类型的剪刀或者书写工具（先用粗的记号笔或粉笔，再用细的铅笔或钢笔）。
• 你还有哪些可以尝试的支持策略？

在游戏中有意识地达到这一标准的方式	
可能的材料、环境变化或分组策略	教师支持策略
在游戏区添加需要使用精细运动技能的材料。 • 在艺术区，添加贴纸、打孔器、订书机和衣夹来挂艺术品。 • 在戏剧游戏区，添加娃娃衣服或带有扣子、拉链和纽扣的装扮服装。 • 在厨房游戏区，添加各种饮食和烹饪用具（如钳子、筷子）。 • 在科学区或感官桌，添加滴管、塑料注射器、镊子、钳子。	为儿童提供鹰架，逐渐引入新材料，展示每种材料的用法。

[①] 英文为 Oklahoma Kindergarten Standards。——译者注

（续表）

在游戏中有意识地达到这一标准的方式	
可能的材料、环境变化或分组策略	教师支持策略
在音乐区，投放手指游戏光盘，如《可爱的小蜘蛛》（Itsy Bitsy Spider）需要活动和触摸手指；《拇指在哪里》（Where Is Thumbkin）需要把手指藏起来和露出来。	挑战儿童，让个别儿童带领其他人玩手指游戏。
创设一个橡皮泥区。使用购买的或自制的面团。做面团本身就是一种活动。把擀面杖、饼干刀、塑料刀和模具投放到橡皮泥区。挤压、拉伸和揉捏面团可以发展手部小肌肉。	挑战儿童，把两种不同颜色的面团揉到一起，变成新的颜色（蓝色和黄色在一起变成绿色，红色和黄色在一起变成橙色）。和面需要手部做大量的挤压和揉捏动作。
在艺术区，做手指画或剃须膏画。把颜料和淀粉混合在一起，让儿童在一张纸上涂鸦。如果太乱，那么可以在一个大烤盘上放一些剃须膏泡沫，让儿童用手指进行创作和书写。	与儿童一起反思自己最喜欢的活动。以下是一些有益的思考问题： • 在精细运动技能区（手指画、玩面团、手指游戏），你今天做了什么？ • 哪种活动是你最喜欢的？ • 你有什么想要向老师或爸爸妈妈展示的吗？ • 明天我们继续玩这个吗？写下最喜欢的活动，并为明天在游戏时间再次玩这个游戏做计划。
你还能提供哪些材料、环境变化或分组策略？	你还有哪些可以尝试的支持策略？

领域：身体和动作发展

分支：健康和发展

《佐治亚州早期学习与发展标准》[1]

身体发展和运动技能

标准1：儿童将会养成健康和安全的习惯。

《新泽西州全面健康和体育核心课程内容标准》[2]

全面健康和体育

标准2.1 健康：所有儿童将获得有益于健康的概念和技能，以支持健康、积极的生活方式。

这一标准在儿童游戏中自然发生的方式
示例
室内和户外：儿童遵守安全规则，提醒其他儿童在骑自行车时戴头盔。儿童在活动室遵守安全要求，比如，敲击或使用其他工具时戴上护目镜。
戏剧游戏区：儿童假装成帮助者，如医生、护士、警察或消防员。他们扮演角色的方式展现出他们对如何以及为什么要帮助他人（康复、安全）的认识和理解。
• 你还能在哪里看到这一标准自然地出现在儿童的游戏中？ • 儿童还能表现出哪些标准？
教师的可能支持策略
• 在有明确的安全规则的区域和儿童一起游戏，认真遵守所有的安全规则。 • 做示范，注意安全并大声说出："我最好戴上护目镜，以保护我的眼睛。" • 当儿童忘记安全规则或出现不安全行为时，为儿童提供鹰架。这些都是提醒儿童安全规则或者更广泛的行为期望的机会，比如要友善、不要伤害他人。 • 你还有哪些可以尝试的支持策略？

---

[1] 英文为 Georgia Early Learning and Development Standards。——译者注
[2] 英文为 New Jersey Core Curriculum Content Standards for Comprehensive Health and Physical Education。——译者注

在游戏中有意识地达到这一标准的方式	
可能的材料、环境变化或分组策略	教师支持策略
在科学区添加材料以帮助儿童理解骨头，如干燥的鸡骨头、塑料骨架或旧的X光片。提供一幅真人大小的骨架拼图。这可以被简化为六张大正方形纸，组装起来就会形成一个完整的儿童大小的骨架。在地板上组装，儿童可以躺在上面。这个拼图有助于显示儿童身体的骨骼位置。	当儿童拼骨架拼图时，为儿童提供鹰架：向儿童展示如何感觉自己的骨头，随后尝试找到拼图中像这块骨头的拼图碎片。
在戏剧游戏区投放玩具电话并增加一个"请拨打911[①]"的标志。解释如果需要急救，就可以拨打911。	挑战儿童，展开一个戏剧游戏事件，提出发生了一些不好的事情（某人严重烧伤或者摔倒）。帮助儿童扮演呼叫911的角色。鼓励他们扮演急救人员、警察或者消防员，进行救援。
在室内和户外的身体游戏中，一定要向儿童解释，积极地参与身体游戏可以强壮他们的肌肉和骨骼，促进他们的心肺健康，帮助他们的血液流向全身。	挑战儿童，使用听诊器听儿童的心跳，或者让他们把耳朵放在朋友的胸前听心跳。然后，让儿童四处跑一跑后再听心跳。他们能听到心跳加快了吗？
组织四五名儿童为一组，玩身体部位游戏。举起一张带有身体部位的图片（腿、脚、肘部、脸、膝盖、手、鼻子、头），组织者大声喊出身体部位的名称，每个人都尝试摸自己身体相应的部位。	把在活动室里做的所有事情（遵守安全规则、学习如何获得帮助、积极参与身体游戏、识别身体部位、刷牙、洗手）联系起来，与儿童一起反思有助于健康的事情。请儿童思考他们明天想要玩的游戏，帮助他们了解健康。
你还能提供哪些材料、环境变化或分组策略？	你还有哪些可以尝试的支持策略？

---

① 美国的报警电话号码。——译者注

领域：身体和动作发展
分支：活跃的身体游戏

《加利福尼亚州幼儿园学习基础》

身体发展的基础

领域：身体和动作发展

分支：活跃的身体游戏

2.0：心血管耐力

2.1：经常进行锻炼心脏、肺和血管系统的身体游戏。参与能增强腿部和手臂力量、肌肉耐力和灵活性的活跃的身体游戏。

《国家体育标准和明尼苏达州基准》[①]

标准 3：定期参与体育活动（身体运动）。

这一标准在儿童游戏中自然发生的方式
示例   **户外**：儿童骑三轮车、玩滑板车、推手推车、奔跑、跳跃、在设备上攀爬、踢球和追球、蹦跳、坐在大的弹力球上或者滚铁环。他们持续投入结构化和非结构化的游戏中。 **音乐区**：儿童使用伸展、扭动、转圈、弯腰和单脚跳等大动作回应音乐。 **过渡**：儿童在游戏区之间移动时高举手臂、抬起膝盖，还可以在游戏区之间跳跃或者踮起脚尖。 • 你还能在哪里看到这一标准自然地出现在儿童的游戏中？   • 儿童还能表现出哪些标准？

---

① 英文为 National Physical Education Standards and Minnesota Benchmarks，意即明尼苏达州已采用《国家体育标准》，但也制定了自己的基准。——译者注

（续表）

这一标准在儿童游戏中自然发生的方式
教师的可能支持策略 • 和活跃的儿童一起游戏，积极参与身体游戏。做伸展、跳远、触摸脚趾头的动作。你如果知道怎么做，就可以做一些太极动作或者瑜伽动作，或者简单的运动，如仰卧起坐、屈膝、转动头部、转臂。 • 示范儿童没有做的身体游戏（如转呼啦圈、跳舞、齐步走）。 • 观察儿童的运动情况，关注他们在哪里遇到了困难，并迅速进行干预，为儿童提供鹰架（你可以建议他们做一些不那么难的事，如快走或慢跑，而不是跑步、踢一个大球，如果骑三轮车有难度，那么可以推三轮车；如果平衡有难度，那么可以做慢一些的动作）。 • 你还有哪些可以尝试的支持策略？

在游戏中有意识地达到这一标准的方式	
可能的材料、环境变化或分组策略	**教师支持策略**
在户外添加新材料，如不同大小的球、三轮车和其他一些带轮子的玩具、飞盘和铁环。用粉笔画小路、跳房子的格子、可以跳过或弹球的线、可以跳进跳出的圆圈，或者可以在中间奔跑的区域。思考在不同的天气条件下都能促进户外游戏的新材料。	向不太愿意主动使用新材料的儿童提出挑战，可以是一个特别的邀请、额外的示范或者鼓励。让这名儿童和另一名更加活跃的儿童组成一组，鼓励他们一起玩一个特定的游戏。
创设一个室内大肌肉运动区域，包括一个可用于做引体向上的单杠、运动海报、显示做体前屈和跳跃运动的光盘、进行螃蟹走的胶带线或者障碍赛道。	为儿童提供鹰架，帮助他们使用材料在新的大肌肉运动区参加活动。你可能需要把他们举到单杠上，引导他们做练习，或者调整障碍物的位置。
在户外或者操场内吹泡泡，让儿童追逐、抓住泡泡，或轮流追泡泡。	提供激发物，让儿童只能戳破2个（或随便多少）泡泡，每戳破一个就拍两下手，然后停下来让另一名儿童戳。

（续表）

在游戏中有意识地达到这一标准的方式	
可能的材料、环境变化或分组策略	教师支持策略
对具有不同能力的儿童进行分组。创造机会，让所有儿童都积极参与强烈的身体游戏。例如，给小组一个挑战，让每个小组成员都跑到操场的围栏处并跑回来。或者，设置一个爆炸游戏！小组中的一名儿童是发射者，他从10倒数到0，然后大喊"爆炸"。这时，其余的儿童从活动室的一边或者户外的一边跑到另一边。儿童轮流做发射者。	与儿童一起反思，白天什么时候是他们非常活跃以至于呼吸急促、心率加快、可能还会出汗的时候。帮助他们区分简单的户外游戏活动与"锻炼心脏、肺和血管系统的身体游戏"，询问他们在家时什么时候会做这样的运动，帮助他们思考与家人一起进行活跃的身体游戏的时间。
你还能提供哪些材料、环境变化或分组策略？	你还有哪些可以尝试的支持策略？

✻ 幼儿园里的游戏故事：让儿童运动起来

阿曼达的"开端计划"班级刚刚完成身体质量指数筛查工作。这次筛查是该园在一年的头几个月中对园内所有儿童进行的一系列关键健康评估项目的一部分。阿曼达看了结果，发现8名儿童被归类为超重，1名儿童被归类为肥胖。在某种程度上，说一名4岁的儿童肥胖，她会觉得似乎很不合理。但她也知道，目前的儿童肥胖率处于历史高位。她担心肥胖对儿童长期健康的影响。也许，对她而言，已经到了认真思考儿童身体健康的时候了。她的脑海中刚刚闪过这个念头，另一个念头就出现了：她注意到，学校里更健康的儿童往往在学习和行为方面表现得更好。

几天后，阿曼达仍记得身体质量指数报告，她的注意力被她所在州的早期学习指南中的一句话吸引住，即："儿童定期参加体育活动，在结构化的和非结构化的游戏中同样如此。"她的脑海中立刻浮现出一个典型的下午操场的画面：儿童跑来跑去，在设备上爬来爬去，踩着带轮子的玩具。但这些儿童并不是身体质量指数报告名单上的 8 名儿童。她想知道，怎样才能让所有儿童都达到这条标准？

她意识到，这与儿童的身体质量指数无关，而是他们缺乏体育锻炼。她认识到，需要提供支持、鼓励，并与儿童就身体发展问题进行有意义的对话，就像她在语言、读写和数学等其他领域所做的一样。她明白，为满足每名儿童的需求而专门制订计划的重要性。"为什么粗大运动的标准会有所不同？"她问自己："我能做些什么，让所有儿童，特别是这 8 名儿童，都能定期参加体育活动？"

就在那天下午，阿曼达开始仔细观察儿童的户外游戏。她记录儿童在做什么、什么东西吸引了他们以及持续多长时间。她发誓，在真正知道儿童在做什么之前，她不会采取任何行动。

观察 1 周后，她回顾了观察记录并问自己一个简单的问题："我看到了什么？"她的结论非常清晰：这些儿童没有像班级里的其他儿童那样参与户外活动。有些时候，他们什么也不做，只是坐着和其他儿童聊天。她可以做些什么以增加这些儿童的参与率呢？

阿曼达选择了三个策略。第一，她在活动室里增加了大肌肉运动区，儿童在游戏时间可以来这里活动身体。第二，她在集体活动时间增加了更多的舞蹈活动，播放各种各样的光盘并邀请所有儿童跑来跑去、挥动围巾和彩带，以此回应音乐的节奏和情感。随着儿童的兴趣和参与程度提高，她延长了跳舞时间。她的助理教师对儿童创造的各种各样的动作以及每名儿童参与的方式感到惊讶。

第三部分　理解和力量 / 179

　　第三，她每天都会特别邀请一名不太爱运动的儿童和她一起游戏。他们有时来回踢球，有时进行"同伴赛跑"，跑到栅栏那里再跑回来。她让儿童轮流决定是奔跑、倒着走、单脚跳还是侧身移动。周末，她使用游戏器材设置一个障碍赛道，这样儿童可以爬梯子、从滑梯上滑下来、跑到操场的另一边、跳过豌豆沙砾上的一条线，然后跑到栅栏边、爬过栅栏，最后又回到梯子下。她邀请儿童（包括不爱运动的儿童）和她一起跑完赛道。随后，她为儿童计时，鼓励他们再跑一次，看看他们是否可以跑得更快。其他儿童都被他们吸引过来，全都想要加入跑步比赛中。阿曼达需要确保每名儿童都有机会参与其中。

　　这个游戏变得非常受欢迎，以至于阿曼达不得不制定规则来限制同一时间参与游戏的儿童数量，以让每名儿童都有机会玩这个游戏。她要确保目标儿童每天仍然有机会跑完全程。她也非常小心地避免任何形式的竞争，只是专注于改善每名儿童的参与情况。直接参与，给予阿曼达更多的机会去鼓励儿童付出努力。

　　阿曼达发现，班里的所有儿童都从室内大肌肉运动区、集体时间的跳舞以及户外的计时障碍赛中受益。儿童选择并参与活动时，她可以退后观察所有儿童的游戏。她特别关注这 8 名原本不怎么参与体育运动的儿童是否真的经常参与体育活动，还观察他们在室内游戏区和户外活动中的参与情况。最后，这 8 名儿童都比之前更频繁地参与身体活动了。

达到了哪些标准

- 通过使用大肌肉、增加平衡和协调性、参与活跃的身体游戏，儿童的身体和动作得到发展。
- 通过读秒表上的数字和记录时间，确定哪些数字更大或更小，儿童的数学技能得到发展。
- 在开始和停止跳舞时，儿童的执行功能（包括冲动控制和自我调节）得到发展。
- 通过记住障碍赛中的事件顺序，儿童的认知能力得到发展。
- 在理解"同伴赛跑"的过程中，儿童的语言能力得到发展。
- 随着儿童更加活跃且有能力地运用身体，他们的自尊心得到发展。

第十二章
在游戏中达到社会情感发展标准

　　社会情感能力是儿童在未来学习生涯中最重要的能力基础,但它也是非常容易被忽视的基础能力之一(Raver & Knitzer,2002)。在某种程度上,这是因为教师和管理者认为,所有儿童都具备在学校中行之有效的基本社交技能。然而,一旦出现下列情况,儿童就几乎无法正常学习:难以调节自己的情绪或控制自己的行为,难以建立和维持良好的人际关系以及拒绝积极参与班级活动。社交技能是如此基本的能力,以至于人们往往认为每个人都理所当然地具备,但实际上它需要受到优先重视。

　　美国许多州早期学习标准的制定者都认为,社会情感能力十分重要。他们还将社会情感能力的发展纳入儿童成长和发展过程中的阶段性目标。这就告诉我们以下两件事情。

1. 人们对儿童社会情感能力的发展寄予厚望。
2. 教师可以教给儿童必要的技能,以促进他们的社会情感发展。

　　儿童需要像学习其他内容一样,学习社会情感技能。教师和管理者需要适时为儿童提供策略和指导。

- 当儿童不知道如何与他人相处时。
- 当儿童难以控制强烈的情绪时。
- 除了推搡和打架外,儿童不知道如何解决问题时。

控制情绪并选择不同的行为，是儿童成长为真实自我的标志。社会情感发展的基础是对自我的认识。

社会情感发展的另一个重要维度与游戏直接相关，即发展友谊的技能。懂得如何交朋友的儿童更容易和其他儿童一起游戏。交朋友的技能运用得越成功，儿童的朋友就会越多（Tremblay et al.，1981）。朋友越多，儿童就越有可能花更多的时间和伙伴一起玩丰富的、有吸引力的游戏。早期学习标准涉及社交行为方面，如分享、轮流、在游戏中帮助他人、赞美以及知道如何表示道歉和接受道歉（Joseph et al.，2010）。儿童在游戏互动中会学习和实践这些技能。值得注意的是，同龄人也可能成为他们最好的老师！

尽管美国许多州的早期学习标准都有社会情感领域，但从学前班到12年级的标准中很少涉及。在美国，有且仅有6个州（分别是爱达荷州、伊利诺伊州、堪萨斯州、宾夕法尼亚州、华盛顿州和西弗吉尼亚州）制定了全面、独立的标准，以促进学前班到12年级学生的社会情感发展（Bornfreund et al.，2015；CASEL[①]，2015）。如果没有明确的指导方针，学校有时对于儿童具有破坏性和挑战性的行为所做出的反应就可能是被动的和惩罚性的。比如，儿童可能会被赶出教室，被迫中断正在进行的学习。更有甚者，会被停学或开除。越来越多的研究表明，将社会情感技能的学习贯穿小学阶段是十分必要的（Rimm-Kaufman & Hulleman，2015）。

对学前班来说，《州共同核心课程标准》对数学和语言学科有明确的全国统一的标准，却没有社会情感领域的标准。但我们发现，有几个州的《州共同核心课程标准》中有针对学前班的社会情感学习内容。针对幼儿园和学前班的社会情感发展标准往往包括以下几

---

① 英文全称为 Collaborative for Academic, Social, and Emotional Learning，即学业、社交和情绪学习协会。——译者注

个分支。

- 与成年人的关系
- 命名、管理和表达情感
- 自我形象
- 参与合作游戏

  本章将针对该领域的每个分支提供标准示例，并探讨将其融入儿童主导的开放式游戏活动中的方法。首先，我们建议你观察整个活动室里游戏中的儿童，思考你所观察到的与特定标准相关的情况。然后，建议教师通过增加材料、改变环境、使用分组策略等方式，有意识地计划以达到这些游戏区域和游戏活动中的标准。在整个过程中，请你思考观察、支持和有意识地达到标准的其他方法。我们意识到，每个班级和儿童群体都不相同，你对儿童及环境的了解将是非常重要的因素。

  我们认识到，当把社会情感标准与游戏联系起来时，任何以游戏为基础的活动都会与表达情感、发展与他人的关系、反思自我形象及团队合作游戏等方面有着某种联系。本章将关注在与特定的社会情感技能相关的游戏机会中要更直接地探寻什么，还建议教师牢记，游戏可能并不总是教授社会情感技能的最佳机会，却是儿童练习和完善这项能力并将其应用到大量不同情境中的完美时机。

  本章最后将分享一个故事，讲述一位教师如何根据不同领域中的许多标准来设计游戏。实际上，许多标准被整合进儿童的游戏活动中。在游戏中，一次只达到一条标准是不可能的。这就是为什么对幼儿园和学前班的儿童来说，游戏是如此丰富和令人兴奋的课程方法。希望你在阅读接下来的表格中所列的具体示例时，思考你所在的班级和所教的儿童群体，提出自己的想法。也建议你在教师计划整合性游戏活动（如本章末尾所分享的）时，看一看儿童表现出不同领域中多条标准的方式。

领域：社会情感
分支：与成年人的关系

《罗得岛州早期学习与发展标准》[①]

社会情感发展

组成部分1：与他人的关系

学习目标1a：儿童对自己熟悉的并且长期出现在自己生活中的成年人产生信任，并与他们积极接触。

《宾夕法尼亚州早期学习标准》（学前班）

关键学习领域：社会情感发展——了解自己和他人

标准25.3：与成年人之间的亲社会关系

大概念：儿童将通过与成年人的积极互动来学习如何发展健康的人际关系。

标准说明：

- 在完成具有挑战性的任务时，寻求成年人的帮助；
- 对成年人的指令做出反应并提出适当的问题，以加深对指令的理解；
- 酌情与自己熟悉或不熟悉的成年人进行交谈。

---

① 英文为Rhode Island Early Learning and Development Standards。——译者注

这一标准在儿童游戏中自然发生的方式

示例

图书区：儿童与教师和同学一起看、听、读关于特定关系（如儿童和妈妈、爸爸、兄弟姐妹、祖父母、叔叔、阿姨、教师的关系）的图书。

感官桌：儿童在感官桌上摆弄物品（例如，往喷雾瓶中注满水）。儿童因为难以靠自己拧好瓶盖，所以向成年人求助。另一名儿童提着一桶水，说："看我的水桶装得多满！"儿童向教师展示他们正在做的事情。

戏剧游戏区：儿童在游戏中扮演成年人的角色，如店主、母亲或父亲、服务员或厨师。

- 你还能在哪里看到这一标准自然地出现在儿童的游戏中？
- 儿童还能表现出哪些标准？

教师的可能支持策略

- 和儿童一起游戏，看看你的存在是否能让儿童主动和你交谈，或者告诉你他们在做些什么。
- 示范如何加入他人的游戏，并用语言描述你的策略："你玩水的时候看上去很开心，卡莉，我能和你一起玩吗？你好像在往碗里倒东西。我能帮上什么忙吗？"
- 为被父母送入园的儿童提供鹰架，在父母离开后向难过的儿童保证他和你在一起是安全的。与父母建立联系，让他们不要把儿童送到幼儿园就急于离开，看看能否给儿童留下某样物品，让儿童相信父母会回来接他。
- 你还有哪些可以尝试的支持策略？

在游戏中有意识地达到这一标准的方式

可能的材料、环境变化或分组策略	教师支持策略
将成年人（男女均有）的道具服投放到戏剧游戏区，并告诉儿童这些是爸爸和妈妈穿的衣服。鼓励儿童扮演成年人的角色。	为儿童提供鹰架，创设爸爸妈妈去工作或爸爸妈妈送儿童去托儿所、幼儿园的游戏场景。通过教师的提问开始游戏，如"你在哪里上班？"或者"你什么时候去上班？"。进一步的提示语，包括"记得一定要告诉宝宝你要去哪里哦"或者"你不在的时候我会照顾好她的"（与家长的交流，1995）。

（续表）

在游戏中有意识地达到这一标准的方式	
可能的材料、环境变化或分组策略	**教师支持策略**
在图书区放一些讲述儿童与其重要他人之间关系的图书，如《奶奶书》①（*The Grandma Book*，Todd Parr）或《鸭宝宝，去上学》（*Off to School, Baby Duck*，Amy Hest）。	挑战儿童，询问有关他们与成年人之间的重要关系的问题，如："你们会在一起做些什么事情？"
在书写区投放纸张、信封和邮箱。建议儿童给教师、助理教师或保育员写信。写好信后将其折叠起来，放进信封，然后投入邮箱"邮寄"。	提供激发物，示范你如何思考自己想要给收信人写什么。指定一名儿童为"邮递员"，为大家投递信件。
特别关注有挑战性行为的儿童，加入他们的游戏，以便更好地了解他们并与其建立良好的关系。注意要做到以下几点： • 与儿童进行一对一、面对面的沟通 • 用愉悦而平静的声音 • 积极并温柔地与儿童进行肢体接触 • 在游戏中跟随儿童的引导 • 挑战性行为出现时，要进行重新指导 • 肯定儿童的努力和成就（CSEFEL②, n.d.）	与儿童一起反思，他们在活动室中最喜欢什么活动。探寻儿童参与这些活动的方式或者在班级中主导这些活动的方式。
你还能提供哪些材料、环境变化或分组策略？	你还有哪些可以尝试的支持策略？

---

① 该书的简体中文版已由中信出版集团股份有限公司于2018年出版。——译者注

② 英文全称为Center on the Social and Emotional Foundations for Early Learning，即以早期学习的社会和情感基础为中心。——译者注

领域：社会情感

分支：命名、管理和表达情感

《北卡罗来纳州早期学习与发展基础》

领域：情感和社会性发展

子领域：了解情感

目标 ESD-6：儿童能识别、管理和表达自己的情感。

《（康涅狄格州）从学前班到 3 年级的社会性、情感和智力习惯体系》[①]

分支：识别和理解自我及他人的情感

学习进程：识别和理解情感

学前班标准：

- 能正确识别和命名自己及他人的基本感受（如快乐、悲伤、生气、恐惧）；
- 在成年人的支持下，对某些基本的情绪情感如何影响自己及他人的行为进行讨论。

这一标准在儿童游戏中自然发生的方式
示例 音乐区：儿童聆听不同类型的音乐，辨别不同的情感基调：悲伤的、快乐的、激昂的、平静的。 艺术区：儿童通过各种开放式的艺术项目表达情感。 书写区：儿童在与他人进行书面交流时表达自己的情感。 • 你还能在哪里看到这一标准自然地出现在儿童的游戏中？ • 儿童还能表现出哪些标准？

---

① 英文为（Connecticut）The Kindergarten through Grade Three Social, Emotional, and Intellectual Habits Framework。——译者注

（续表）

这一标准在儿童游戏中自然发生的方式
教师的可能支持策略
• 和儿童一起游戏，让他们举起镜子，观察镜子中的自己。询问儿童的感受及表情。 • 在与儿童一起游戏和阅读的时候，用不同的面部表情演示情绪，例如，在餐厅游戏中演示愤怒的顾客和快乐的顾客。注意给儿童讲解情境"我们假装自己很生气，因为服务生没有为我点餐"或者"我们假装很喜欢服务生提供的食物"。 • 为儿童提供鹰架，帮助他们在游戏中表演和表达自己的感受。 • 你还有哪些可以尝试的支持策略？

在游戏中有意识地达到这一标准的方式	
可能的材料、环境变化或分组策略	教师支持策略
在一个游戏区中添加一面镜子和带有儿童面露不同情绪照片的"情绪卡"。鼓励儿童通过照镜子表达各种情绪。或者，鼓励儿童两人一组，一名儿童将情绪状态画在卡上，另一名儿童通过镜子展示这一表情。让儿童轮流游戏。	为儿童提供鹰架，教师扮演情绪卡的"发牌员"。将一张情绪卡面朝上放于儿童面前，让两名儿童说出卡片上呈现的情绪。进阶游戏，将情绪卡面朝下放置，教师做出表情，看看儿童是否能猜出对应的情绪。同样，让儿童轮流游戏。
在户外游戏时，组织一场"情绪"追人游戏。教师任选一种情绪（恐惧、愤怒、快乐、悲伤），告知儿童。儿童只要表现出了这种情绪，就不会被抓。	挑战儿童，在游戏时教师实时发布情绪指令，激励儿童快速思考和做出反应。
在科学区开设三个实验，每个实验对应一种情绪（例如：醋和小苏打的火山喷发实验表示愤怒的情绪，拨动两根钉子之间的橡皮筋表示平静的情绪，吹泡泡或风车表示快乐的情绪，或者用其他具有创造性的实验表示不同的情绪）。让儿童基于他们当下的情绪（愤怒、平静或快乐）选择要做哪个实验。	提供激发物，请儿童描述其他儿童的情绪，并根据此情绪选择要做的实验。

（续表）

在游戏中有意识地达到这一标准的方式	
可能的材料、环境变化或分组策略	**教师支持策略**
每当游戏中显露某种明显的情绪时，注意并描述这种情绪，说出其名称。	与儿童一起反思，提醒他们每个人都有各种各样的情绪（每个人都有悲伤的时候、愤怒的时候和快乐的时候），这些情绪都是很自然的、可以被接受的。和儿童谈论如何用不伤害他人的方式表达自己的情绪。
你还能提供哪些材料、环境变化或分组策略？	你还有哪些可以尝试的支持策略？

领域：社会情感

分支：自我形象

《密苏里州早期学习标准》[①]

内容构成：对于自我的认识

过程标准：体现自我意识

指标：

- 尊重自我；
- 发展个人喜好；
- 了解个人信息。

---

① 英文为 Missouri Early Learning Standards。——译者注

《马萨诸塞州幼儿园和学前班标准》(社会性和情感学习,游戏和学习品质)

社会性和情感学习,游戏和学习品质

领域:自我意识

标准 SEL 2:儿童将表现出准确的自我认知。

标准 SEL 3:儿童将表现出自我效能感(自信/胜任力)。

这一标准在儿童游戏中自然发生的方式
示例 积木区:当儿童玩积木搭建时,表现出选择积木的偏好和搭建结构的偏好。在与他人一起搭建时,儿童能为自己辩护并体现出对自己的能力的自豪感。 感官桌:儿童在感官桌上倾倒、舀取和测量材料时,他们会应对操作材料过程中的挑战,发展自信心。 艺术区:儿童能画出自己和家人,展示个人信息和对自我的认知。 • 你还能在哪里看到这一标准自然地出现在儿童的游戏中? • 儿童还能表现出哪些标准?
教师的可能支持策略 • 和儿童一起游戏,问他们在做什么。注意,要鼓励儿童做出的具体努力或祝贺他们取得的成就。 • 示范如何表达自己因正在做的事情或者完成一件作品而获得的快乐。 • 当儿童不太知道如何维护自己的权利或者庆祝自己取得的成就时,提供鹰架。 • 你还有哪些可以尝试的支持策略?

在游戏中有意识地达到这一标准的方式	
可能的材料、环境变化或分组策略	**教师支持策略**
安排游戏时间,让儿童在计划好的游戏机会中选择他们想做的事情。尽可能多地让儿童选择自己想做的事情。如果儿童自己无法选择,教师就需要确定儿童缺乏的技能,从而进行有针对性的教学和实践指导。这一方法可为儿童之后更多地独立游戏奠定基础。	为儿童提供鹰架,帮助儿童根据当天的目标做出选择。儿童想学习什么?让儿童据此做出自己的选择。教师持续跟进,看看儿童是否实现了自己的目标。
在游戏区中投放一面镜子,鼓励儿童照镜子看看自己。询问他们从镜子中看到了什么?	挑战儿童,告诉他们,他们是独一无二的,你喜欢他们真实的样子,就是他们在镜子里看到的那样。

(续表)

在游戏中有意识地达到这一标准的方式	
和儿童一起列出他们可以独立完成的事情（穿外套、穿鞋子、梳头发、刷牙、系腰带、翻跟斗、快速奔跑）。	提供激发物，请儿童发现自己的技能并向他人展示自己的技能。确保每名儿童都有能独立完成的事情。以此为契机，发现儿童能做得很好的事情并告知儿童。
儿童在游戏中完成某些任务（尤其是与设定的个人学习目标相关的任务）时，教师要及时发现。对儿童说明，具体是哪项任务让教师觉得他们做得很好。	与儿童一起反思完成任务的感觉。提醒儿童，这是学习乐趣的一部分，对自己所做的事感到满意，对自己感到满意。
你还能提供哪些材料、环境变化或分组策略？	你还有哪些可以尝试的支持策略？

领域：社会情感

分支：参与合作游戏

《内布拉斯加州 3—5 岁儿童学习指南》①

社会性和情感发展

合作（SE.03）

普遍预期

- 提高维持人际关系的能力。
- 使用妥协和其他解决冲突的技能。
- 主动和其他儿童一起游戏。
- 尝试通过协商或其他社会可接受的方式独立解决自己与其他同伴之间的冲突。

---

① 英文为 Nebraska Early Learning Guidelines for Ages 3 to 5。——译者注

《加利福尼亚州公立学校学前班到12年级的健康教育内容标准》[①]

内容领域：心理、情感和社会性健康

学前班

标准4：人际沟通

4.1.M：知道如何恰当地表达个人需求。

4.2.M：能与他人合作及分享。

这一标准在儿童游戏中自然发生的方式
示例 操作区：儿童既能进行个人游戏，也能参与集体游戏，并与伙伴分享材料和想法。 户外：孩子们组成不断变化的小组，进行跑步游戏、想象游戏、探索自然等。 戏剧游戏区：儿童在选择角色和在假装的情景中扮演角色时，进行协商或让步妥协。 • 你还能在哪里看到这一标准自然地出现在儿童的游戏中？ • 儿童还能表现出哪些标准？
教师的可能支持策略 • 和儿童一起游戏，看看你的存在是否能促进儿童和你之间的合作（包括非言语的）。询问儿童，是否愿意和你分享玩具或物品。 • 通过仔细倾听、应答式言语互动以及寒暄问候等，示范良好的人际沟通技巧。或者，示范如何化解冲突，比如用两个木偶表演争夺玩具发生冲突的场景。 • 当儿童在游戏过程中发生冲突时，提供鹰架。与发生冲突的双方儿童合作，完成以下任务。 　» 帮助儿童发现问题（到底哪里出了问题）。 　» 询问可能的解决方案。 　» 讨论解决方案，看看它是否能解决问题，同时让每个人都同意；努力尝试解决方案。 • 你还有哪些可以尝试的支持策略？

[①] 英文为 Health Education Content Standards for California Public Schools Kindergarten through Grade Twelve。——译者注

在游戏中有意识地达到这一标准的方式	
可能的材料、环境变化或分组策略	**教师支持策略**
提供有助于促进合作的玩具及材料，如球、玩具、旧电话、棋盘游戏、跷跷板。	鼓励儿童在寻找同伴和用玩具进行游戏时互相提供鹰架和帮助。
创设木偶区。投放购买的木偶或自制的木偶，或者提供材料让儿童制作木偶。鼓励儿童用木偶互动，体现它们是如何合作和解决冲突的。	挑战儿童，让他们重复表演木偶合作的情景。你可以示范对木偶说话、帮木偶说话，并让儿童与木偶说话。
建立结伴制度，让儿童在一天中的特定时段或一日活动中的某个部分进行结伴活动。这会增加儿童之间的社会互动，培养他们在日常游戏中的交际能力。	与儿童一起反思自己与同伴相处的时光。发现同伴间合作的方式，以及他们需要解决什么问题才能继续保持游戏和合作。
鼓励儿童在游戏时和新朋友合作。	提供激发物，请儿童尝试和其他不同的儿童一起游戏。例如，教师分发彩色的项链给儿童，并让那些戴有蓝色、绿色、红色或紫色串珠项链的儿童在同一游戏区中游戏。观察新组成的小组及其互动情况。谁在帮忙组织这些新成员？谁在努力融入新的团队？谁需要更多的支持才能成为团队成员？
游戏时间，教师指定一名儿童充当"记者"，报告每个游戏区正在发生什么。为"记者"佩戴一顶软呢帽和一张"记者证"（插在帽檐上或系在脖子上）或一支麦克风（真正的麦克风或用顶部带锡纸球的厕纸管代替的玩具麦克风）。	与儿童一起反思，在集体活动时间或圆圈时间中腾出一段时间汇报儿童在游戏区中做的最令人兴奋的、有趣的事情，重点强调合作。
你还能提供哪些材料、环境变化或分组策略？	你还有哪些可以尝试的支持策略？

✽ 学前班里的游戏故事：应对挑战性行为

迈克尔是一位经验丰富的教师，他通过帮助儿童学习收获了满满的职业成就感。但今年，他认为自己如果能阻止儿童之间的身体伤害就很幸运。他现在的班上有6名儿童需要教师一对一的支持，以控制他们撞击、大声叫喊和扔东西的倾向。

在用心实施了两个月的班级管理策略后，班级开始稍微显现出秩序感。迈克尔极其努力地保持稳定、有规律的日程安排表，并且每天提醒儿童注意当天的活动流程。他设立了班级行为规范，并用宝贵的活动室时间直接教儿童一天中的每一段时间分别应该做什么事情，如到达时间、区角活动时间、小组时间、进餐时间、户外休息以及开展音乐和艺术活动的时间。每天都以晨会开始，这时他会和儿童讨论：如何与别人成为朋友、如何顺利地参与活动以及如何解决冲突。在整个过程中，他每天都确保自己与每名儿童建立独特的联系。他时刻观察儿童的情况，发现每名儿童的闪光点或做得很棒的地方，并对其进行评论，告诉儿童老师是多么喜欢他在班级中。

随着日常学习生活接近正常，迈克尔把注意力转向了那6名几乎每天都具有挑战性行为的儿童。他对这些儿童的观察集中在他们每人如何以及何时趋于最佳状态和最差状态，关注儿童的每个成功时刻和每次无法达到班级预期的情况。与此同时，他回顾了所在州的社会情感标准，并记录这6名儿童在这些技能方面的发展水平。在回顾观察记录时，他对这些儿童有了更清晰的了解。

- 在一天中表现不佳的特定时间。
- 与哪些儿童相处融洽，与哪些儿童明显不合。
- 教师尝试过的干预策略中哪些有效，哪些无效。

有了这些关键信息,他确立了行为目标,并为这6名儿童分别制订了干预计划。作为学校里积极倡导游戏的教师之一,他认为游戏是儿童学习和发展的重要工具,并确保自己的计划比以前增加更多的游戏(以及社交技能的练习)时间。

迈克尔意识到,大多数的问题都发生在游戏时间。出现社交问题的儿童通常在游戏区中随意乱窜,没法安静地待在某一区域进行游戏,因此会干扰其他人的游戏。于是,他确定了想要帮助这些儿童解决的两个问题:提前选择某个游戏区,在这里至少待满5分钟;能够以合作的、不制造麻烦的方式加入其他儿童群体。

为了解决第一个问题,他在区角游戏时间开始时与每名儿童交谈,帮助他们计划如何花时间进行游戏。然后,他将每名目标儿童与社交能力较好的另一名儿童进行配对,让他们在自己喜欢的游戏区进行游戏或合作游戏。在挑选配对伙伴时,他特别认真地从社交技能比较成熟的儿童中进行挑选,特别是之前与目标儿童有过积极互动的儿童。他每天轮换配对伙伴,并准备在目标儿童出现挑战性行为时及时支持其配对伙伴。他还为目标儿童设计了语言指导,以支持他们询问并加入正在游戏中的儿童。之后,让目标儿童进入游戏区域,以进一步观察他们的游戏。

第一天没有发现什么效果。有些目标儿童一如既往地跑来跑去,他们的配对伙伴绝望地跟着他们,没有机会游戏。有些目标儿童在进入有其他儿童的游戏区时什么也没说就直接抓抢玩具或物品。第二天差不多一样。第三天,迈克尔和配对伙伴们与目标儿童一直保持密切的联系,在必要时立即进行干预,并在目标儿童想要加入其他小组或要求扮演其中一个角色时提供语言指导。问题有了轻微的改善:被中断游戏的游戏区变少了，目标儿童在选择的游戏区中待的时间更长了，他们与游戏区中配对伙伴之间的互动更多了。迈克尔这样重复了两周。这段时间的确难熬，但他在大多数时间里看到了儿童的进步，或者至少是保持了早期的进步。他把重点放在为所有儿童提供有针对性的、个性化的干预措施，并以所在州的社会情感标准作为指导。贯穿的主线是让儿童参与游戏并利用游戏练习社交技能。

随着时间的推移，迈克尔注意到，如果他在试图保持与目标儿童的联系时被其他儿童的需求打断，那么目标儿童通常也不会再表现出类似以前的破坏性行为。所以，他开始放慢跟随的步伐，介入得越来越少。目标儿童越来越能和各种玩伴一起玩有益的游戏。迈克尔十分欣慰，还好他早早地找准了目标。随着目标儿童行为的改善，他和目标儿童的关系也有所改善，目标儿童和其他儿童之间的关系也发展为友谊。到了学年末，他十分不舍地看着他们升入1年级。

达到了哪些标准

- 社会情感技能，包括轮流、分享、知道如何通过融入他人来满足自己的需求（融入团体）、合作，以及用恰当的方式解决冲突。
- 学习的方法，包括控制冲动、自我调节、计划和决策。
- 社交学习，在学习者群体中与他人和睦相处，为群体的共同利益而努力。
- 能听从迈克尔的指令和讲解，与其他儿童进行交流。

第四部分

沉　　稳

在最后两章中,我们从"理解和力量"过渡到"沉稳"(poise),这是游戏过程中的最后一步。斯图尔特·布朗使用以下四个词语定义沉稳阶段。

- 优雅
- 满足
- 沉着
- 生活中的平衡感(Brown,2009,p.19)

在我们看来,这个阶段似乎是所有变化循环的自然终点。在变化发生后,我们进入一种新的存在状态,在这里变化得以整合。平衡恢复了,但我们发现自己进入了一个新的地方,也许成为了一个全新的自己。"沉稳"起源于一个古老的法语单词,意思是重量、平衡或考量。重量和平衡是有相关性的,因为在古代,砝码是经过仔细校准的,它们有特定的重量,这样就可以将它们放在天平上称出特定物体的真实重量。在对游戏和标准有了更深的理解和领悟,对如何沉稳地教育儿童有了了解之后,我们的工作有了分量,有了基石,有了深度,有了平衡。当达到了沉稳水平,我们就将以新的方式与新的自我继续开展工作。

沉稳让我们有能力迎接新的挑战。它告诉我们，仅仅做正确的事情是不够的，还需要明白我们所做的事情正在引领改革。我们需要进入更宽广的领域，使改革更恢宏、更持久。

第十三章
评估儿童在游戏中向标准进步的重要性

争议性问题：在以游戏为基础的班级中，评估的作用是什么？

托马斯·伦登：管理者的角度

每当有人与我讨论评估时，我都会听他先说目的是什么。评估是为教师的实践提供依据吗？是为了展示学生的表现多好或一项活动多有效吗？如果他能清晰地描述目的，我就会发现他说的是形成性评估。目的是用于确定儿童是否需要进一步的评估吗？如果是这样，那么这种评估就是筛选型工具。也许此评估是项目评估，是为了确定个别学校、项目或学区在标准化测试中总体达到一定熟练程度的儿童百分比有所提高。明确评估的种类和目的非常重要。

盖伊·格朗兰德：教师的角度

在我看来，与学前教育中以标准为基础的实践方法相关的最大误解是如何评估儿童的学习情况。不管幼儿园和学前班的教师是否使用标准作为他们的目标，抑或是依据其他资源来确定目标，他们都始终需要按照要求对儿童进行评估。这些实践充分支持基于教师观察的真实性评估，而非测试儿童或让儿童完成特定的任务。儿童不是可靠的应试者。然而，儿童可以在

> 游戏、操作材料或与其他儿童互动以及在有意义、有趣的活动中与教师互动时展现出他们所知道的和能做的事情。优秀的学前教育者全天都会观察儿童，记录某些观察笔记，然后对观察结果进行反思，确定每名儿童（言行中）与标准相关的表现，并据此决定下一步计划，将其嵌入儿童主导的开放式游戏活动中。

游戏中的反思、观察和评估

本章将探讨反思和观察在评估与标准相关的儿童学习情况时的重要性。值得强调的是，这两个过程在评估儿童时的相互关系，并阐明它们如何与以游戏为基础的方法相辅相成。然而，我们认识到，学前教育领域中关于评估的建议存在许多误解。

评估是一个广泛而有争议的话题。一些教育工作者和家长担心，我们对儿童的测试过度。我们经常发现，各种学前教育机构对游戏避之不及，因为教师和管理者都担心儿童的学习不足以应对未来将要面临的测试。因此，减少游戏时间，增加由教师主导的学业活动是常见的教学现象。正如我们被告知标准是游戏的敌人一样，评估也可能是游戏的敌人。

事实上，有效教育的结构是一个三角形，它整合了课程（要教的内容）、教学（如何教）和评估（如何有效地教）。

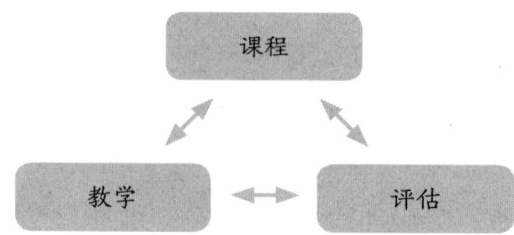

评估是所有教学过程中关键且同等重要的组成部分，所以没有评估是行不通的。

前文已表明，即使在儿童主导的开放式游戏中，教师也要扮演积极参与的角色。我们认为，教师和管理者对儿童进行适当的评估，特别是与标准结合起来的评估，事实上对儿童的游戏更有益。通过观察和反思，教师可以确定与学习相关的游戏活动的成功。他们可以改变方法、材料、活动以及对儿童的支持，观察并记录游戏中的儿童如何展现出在多个领域的进步。

标准指明了方向，让人们清楚儿童应该知道的和能做的事情有哪些。幼儿园和学前班的教师依据标准计划课程，将课程与游戏结合起来。然后，他们通过评估来确定哪些方法是有效的，并一次又一次地重复这个过程。

真实性评估

正确的评估方法是什么？在实施以游戏为基础的课程方法时，评估幼儿园和学前班儿童学习的最佳方法是什么？真实性评估。教师要对游戏中的儿童进行观察，精选特定的观察记录（教师看到的和儿童创造的）并根据标准进行反思。鉴于测试的对象是年幼的儿童，测试无法提供真实的信息，其信度和效度需要被慎重考虑。同样，基于预设任务的评估——要求儿童在脱离情境的情况下完成任务——不会提供像教师通过观察和加入儿童有意义的游戏活动所获得的那样真实的信息。

通过测试和预设任务进行评估，这一方法的问题在于，它们是不真实的。

- 拥有不真实的内容（不评估与儿童生活直接相关的知识或技能，或者可能并未涉及所有领域）。

- 采用不真实的程序（所收集的关于儿童知识和技能的信息，并非儿童在现实生活中通常所呈现的）。
- 依赖不真实的过程（只提供特定的时间点中缺乏关联性的反馈，且在人为的环境中而非自然的环境中）。
- 提供不真实的依据（认为收集到的证据在任何情况下都是通用的）。（Bagnato，Neisworth，& Pretti-Frantczak，2010）

考虑到这些缺点，可以肯定地说，目前还没有适用于儿童的真正好的标准化评估工具。所以，应限制测试和预设任务在幼儿园和学前班中的使用。如果使用上述两种评估工具，我们就需要用批判的眼光看待它们所收集的信息。儿童不是合适的应试者，因此不应该对儿童进行标准化测试。

实际上，一些评估开发人员已经试图让他们的工具更加具有真实性，以便融入游戏中。例如，第二版的《在游戏中评价儿童——以游戏为基础的跨学科儿童评价法》①（*Transdisciplinary Play-Based Assessment*，Linder，2008）是一种基于课程的评估，主要依赖对儿童的仔细观察，在儿童玩玩具或操作材料时对其进行1小时或更长时间的观察。其他常被用于学前教育领域的观察性评估也建议教师在儿童游戏时进行观察。这些评估提供了不同年龄段儿童的表现标准，并将这些标准与全国各地的早期学习标准相结合，如下所示。

- 早期学习量表幼儿园阶段评估（Early Learning Scale Preschool Assessment）（Riley-Ayers，Boyd，& Frede，2008）
- 教学策略GOLD（Teaching Strategies GOLD）（Berke et al.，2011）
- 作品取样系统（The Work Sampling System）（Meisels et al.，2015）
- 儿童观察记录量表（Child Observation Record Advantage，

---

① 该书的简体中文版已由华东师范大学出版社于2008年出版。——译者注

CORA）（HighScope，2014）

在本章中，我们假设，无论幼儿园和学前班的教师是否使用评估系统，他们都致力于遵循真实的评估程序。我们提供了具体的建议，说明如何在儿童主导的开放式游戏的背景下进行真实性评估——观察、记录和反思。我们认为，这些建议与强调游戏重要性的实践和工具相符合，同时也与"游戏是展示儿童能力的自然方式"这一理念相契合。

观察和反思

随着教师将标准整合于游戏中，他们也在持续地进行观察。教师不仅观察儿童的表现，也观察自己在整合学习和游戏方面的成就。在班级里，教师不断地观察和收集信息。他们尤其关注儿童是如何解决游戏中的问题的，比如，在用积木搭建高塔时如何平衡积木或者学会如何分享玩具。

教师根据观察到的情况进行如下调整和改变。

- 投放新材料。
- 调整部分环境。
- 建议儿童尝试不同的游戏分组。
- 提供支持。
- 提出具有挑战性的问题。

有时，调整和改变是即时做出的，有时是过了一会儿之后，有时是在教师思考了一段时间并与同事讨论之后，进而确定新的行动计划。

在《为幼儿的游戏、观察和学习做计划》（*Planning for Play,*

Observation, and Learning in Preschool and Kindergarten）一书中，盖伊提供下图以展示儿童教育过程中的许多步骤。观察和反思是计划过程中的关键组成部分。请注意，所有的步骤都围绕着与年龄相适宜的目标。

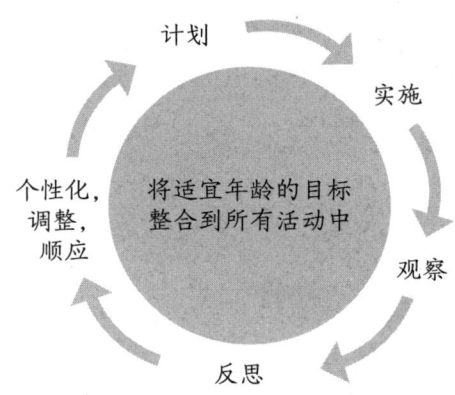

关于游戏活动成功与否的反思性问题

在确定下一步计划之前，教师应该问自己一些问题，回顾过去以及与儿童有关的内化知识，并查看自己收集的信息资料，了解儿童的优势和挑战。这些反思性问题可能包括以下内容。

- 游戏的质量如何？儿童正在朝着更深入或更丰富的游戏发展（游戏越来越投入，专注的时间越来越长，表现出更多的想象力和即兴创造力）吗？
- 学习的效果如何？哪些知识或技能是显而易见的？
- 还需要学习什么？根据标准来看，接下来的学习计划是什么？
- 游戏环境、材料或分组策略是否有效？它们是否有助于儿童实现相应的学习目标？
- 教师的支持策略是否有效？哪些起了作用？哪些不起作用？
- 对于接下来的计划，哪些是应该继续做的？哪些是需要改变的？

当与儿童相处快 1 周时，优秀的教师会根据观察记录进行反思并确定哪些计划有效或无效，进而着手制订下一周的计划。他们会利用本周的经验来计划下一周。在回顾本周时，主要思考以下两件事。

- 如果一切进展顺利，就不一定需要改变。
- 如果进展不顺利，就必须以某种方式进行改变。

当教师尝试将标准整合到以游戏为基础的课程中时，这种反思性计划的价值是无可比拟的。教师不必改变每周制定的标准，也不必改变提供给儿童的游戏活动。教师的计划将变得更有意义，因为他们会诚实地评估游戏活动、与标准相关的学习、环境及教学策略。

教师如果认定某些游戏活动是成功的，就可以计划继续开展这些游戏活动。教师不需要改变游戏活动，因为它们可以在此基础上进一步发展。也许，儿童已经准备好在同样的游戏活动中进行更复杂的游戏。在重新面对同样的游戏材料时，儿童已经有新的信心、技能，也有了更多机会练习和完善他们所学习的东西。正如古语所说："未损勿修，能用莫换。"如果这个游戏活动很有效，那么为什么不继续开展并看看儿童会发展得如何呢？教师可能会发现，当儿童成功地完成游戏活动后，激发物和挑战会更有效。

相反，如果一个游戏活动不成功，教师就需要改变它。也许，标准不适宜游戏。也许，儿童没有对材料进行深入探索，也没有从游戏活动中充分受益，教师的促进策略可能不起作用。也许，教师很难了解儿童正在学习的与标准相关的内容。在这种情况下，优秀的教师会对下一周的计划做些改变。

- 改变材料或对游戏区域进行重新布置。
- 为游戏活动确定不同的目标（可以是一个挑战性较小的标准，也可以是一个挑战性较大的标准；可以是一个来自完全不同领域的标准)。
- 计划用不同的方式与儿童一起游戏。
- 在观察和与儿童互动时,思考更多收集信息的方法。

然后,唯一要做的是在新的一周中再次尝试和观察。反思性计划是一个持续的试错过程,是有效教学的核心。随着教师制订计划、思考新的游戏活动或确定将标准融入游戏中的新方法,他们还应该应对以下几个重要的问题。

- 这对儿童来说是一种熟悉的体验吗?他们已经掌握了哪些相关的知识和技能?他们已经有了哪些成功的经验?他们下一步准备做什么?
- 这对儿童来说是一种新的体验吗?我需要向他们讲解些什么?他们在哪些方面可能需要我的帮助?教师如何知道什么时候不需介入?我如何知道自己应该在什么时候退后、在儿童身边、随时准备提供指导或帮助?

教师的支持会根据儿童对游戏活动的熟悉程度的不同而有所不同。对儿童来说,越不熟悉游戏活动,就越需要教师更直接的支持。教师在计划有效地整合标准与游戏时,反思性问题是至关重要的。

观察以评估儿童的能力

除了观察和反思游戏活动是否成功,教师还通过观察来评估儿童的能力。教师将观察结果与之前设定为游戏活动目标的标准联系起来,进一步审查以确定每名儿童的表现与标准的相关性。教师可能会在这个过程中,使用与标准相对应的评估工具来进行指导。教师需要思考,儿童是否自然地表现出达到了标准期望,也要注意到儿童的表现超出预期。这个评估过程包括反思和计划。对于儿童主导的开放式游戏活动的下一步计划，取决于儿童与标准相关的表现。需要再次说明的是，观察和反思是交织进行的。

教师总是在观察儿童。他们通过观看和倾听来获取信息。在幼儿园或学前班中，一个班通常有18~25名儿童，这意味着教师需要记忆和处理大量的信息！记忆不是一件容易的事。教师如果不写下或以某种方式记录所观察到的东西，就可能会错过儿童所表现出的重要信息。教师可能会遗忘，也可能会被发生的其他事情分散注意力，或者可能没有注意到反映儿童是否达到标准的必要细节。

> 观察作为评估过程中的重要一步，教师在观察时不能仅依靠记忆。教师必须记录或写下观察结果。与儿童在一起的时候，教师可以在便签纸上记下简短的笔记，之后再补充细节，也可以在笔记本或者专门的观察记录表上写下更详细的观察记录。教师可以通过拍摄记录儿童的行为，为后续的书面记录提供视觉支撑；也可以收集儿童创作的作品作为样本（如图画、涂色或书写作品的样本），以增加细节，佐证他们对儿童言行的书面记录。（Gronlund，2016，p.71）

教师不用事无巨细地记录自己观察到的一切，这不仅需要大量的纸张，而且会失去和儿童互动的时间。

> 优秀的教师会选择不同的记录策略和方法，并在一天中的不同时间使用。他们总是随时准备放下笔和纸，与儿童充分互动。他们如果有各种各样的策略并持续地使用，就能创建观察记录，以帮助自己更好地了解儿童，并为儿童制订适宜的全天计划。（Gronlund，2016，p.72）

教师可以查阅有关观察和记录的书籍，如《聚焦式观察：儿童观察、评价与课程设计》①（*Focused Observations: How to Observe Young Children for Assessment and Curriculum Planning*，Gronlund & James, 2013），也可以查阅与大多数州的早期学习标准相对应的观察性评估工具。

评估的注意事项

为了获得有关儿童游戏活动表现的最有价值的信息，教师需要对评估进行计划。在确定了与游戏活动相关的标准时，教师也需要确定观察儿童与标准相关的行为的最佳方式。在观察之前，教师可以先问自己以下问题。

- 我要观察儿童的哪些行为才能得知他们所知道的和能做的事情中哪些与标准相关？
- 我要如何记录观察结果？只是写观察笔记吗？需要照片、视频或录音吗？需要儿童的作品样本吗？
- 在游戏活动中，儿童是否有多种方式展示他能做的与标准相关的事情？
- 是否有提问技巧或对话可以让我提前计划，以更多地了解儿童的认知能力？
- 我如果观察到几个孩子在一起玩，那么该如何记录他们同时在做的事情？

在这里，我们可以再次看到评估实践与课程计划之间的紧密联系。这两者是无法割裂的。教师会思考这些标准，斟酌有效的记录方法。他们会计划实施儿童主导的开放式游戏，因为这更有可能让

---

① 该书的简体中文版已由教育科学出版社于 2017 年出版。——译者注

儿童展示出与标准相关的能力。在儿童游戏时，教师会反思自己的参与。教育儿童、评估儿童的表现并将游戏和标准联系起来，是一个复杂的、需要深谋远虑的且相互关联的过程。

行动中的观察性评估

说到评估，让我们先来回顾前面章节中分享的一个故事，并思考这些教师在观察儿童参与涉及多条标准的、丰富的游戏活动时是如何收集评估数据的。

✼ 学前班里的邮局

肯沃思和她的同事安德设立了一个班级邮局，以鼓励儿童在更多的游戏区中进行书写。她们投放了各种书写工具和纸张，为儿童提供开放式的体验。儿童可以选择有画线的或无画线的纸，也可以选择自己涂写最顺手的工具。此外，教师们还提供了一本地址簿，上面有儿童的姓名和地址（每页一个，便于查找）。他们向儿童介绍什么是邮局，讨论如何写信以及收发邮件的过程。

他们有意识地选择材料，以便观察标准中与书写有关的各种行为，如下所示。

- 适当地抓握和使用书写工具（精细动作的协调）。
- 使用刚出现的书写技能（涂鸦、涂画形似字母的形状或者可识别的字母和单词）。
- 在开始按照发音进行书写时，就可以将字母与发音联系起来。

教师们计划从邮局中收集评估信息的方式之一是创设每日

"邮件投递"活动。在每天放学前的小组会议中,一名儿童被指定为邮递员,将"信件"分发给作为"收信人"的儿童。这要求儿童能够阅读信封上写的东西,并把信件交给正确的人。教师和其他儿童帮助收件人"阅读"信件。这个日常活动让教师有机会查看儿童的书写。他们可以试着记住观察到的情况,并在儿童放学离开后写下来;也可以进行分工,以便有教师专门在邮件递送期间做简短的笔记。此外,教师还可以拍摄儿童的书写(在得到儿童的许可后),这样就能用照片支持他们有关儿童书写技能的结论。

将放学前的活动与早上游戏时间的持续观察结合起来。教师可以观察,谁去邮局书写了。他们可以与这里的儿童互动,并在必要时提供鼓励和帮助。

邮局是儿童十分喜爱的区域,随着时间的推移,肯沃思和安德看到了儿童在书写方面的进步,于是开始观察更具体的标准。他们让儿童不仅要写名字,还要写地址。他们为儿童讲解正确的字母结构、字母及单词之间间隔的重要性,以便他人阅读。他们提供让儿童抄写的短句。基于儿童的兴趣和动机,教师们现在可以观察以下标准是否得以达到。

- 书写许多大写字母和小写字母。
- 使用常见的名词和动词。
- 写出完整的句子。
- 将句子中第一个单词的首字母大写。
- 识别和说出结尾标点符号的名称。

在儿童互相写信时,教师可以示范、演示和提供鹰架。教师随身携带带有儿童名单的写字板,以便简洁快速地记下儿童在书写中使用的各种表达习惯。同时,他们再一次拍摄儿童书

> 写的照片，将其作为证据进行保存，以支持他们的评估结论。注意，这里的关键点是：教师们为儿童提供成功的游戏活动，并且通过计划和评估，使其成为一种涉及多条标准的、有效的教学策略。

儿童主导的开放式游戏为教师提供了许多机会，以观察儿童与标准相关的表现。像上述案例中的两位教师一样，为评估制订计划是十分重要的，教师要清楚何时观察、观察什么以及如何记录才能使评估过程顺利进行。教师也将借此获得更多关于儿童如何学习和成长的信息，这些信息与所确定的标准有关（可能也适用于其他标准）。

向家长汇报

评估信息的重要性主要体现在以下几个方面。

- 识别儿童的能力。
- 基于儿童的已有知识和能力计划接下来的课程。
- 引入新的挑战、概念和技能。

教师向儿童的家长汇报评估信息也很重要。家长有权知道他们的孩子是如何进步的、优势是什么、面临的挑战是什么以及教师将计划采取什么样的策略来帮助孩子获取知识和发展技能。

家长可能会直接问："我的孩子怎么样？他和班上的其他孩子相比怎么样？"但是，教师在给家长讲解评估结果时，应该考虑到更深层次的目的，而不是将儿童与其他儿童进行比较。与标准相比，观察儿童在做什么、谈论儿童的成长和进步，会带来更多的信息。这可以让教师和家长都更加明确地了解儿童所表现出的与相应的年龄预期相关的行为。这样的对比提供了个性化的信息，显示了儿童的优势、进步的地方以及面临挑战的方面。

为了得出儿童的表现是否达到标准这一结论，教师要记录观察结果并持续收集儿童的作品样本。这些记录提供了丰富的信息，以便教师和家长将儿童的过去和现在进行对比。这是以标准为参考的评估，采用的是幼儿园和学前班正在使用的标准。这也是一种形成性评估，因为随着时间的推移，教师会利用收集到的信息判断儿童的进步情况，确定如何基于儿童的优势制定课程策略，解决对儿童来说具有挑战性的领域问题。

教师如何向家长讲解评估信息呢？就儿童而言，仅给出一个评分或等级太简单了。单靠一个分数（如B）或等级（如"达到标准"）并不能反映出儿童学习知识和技能的方式。评分和评级也提供不了儿童受益于教师的帮助或通过自己解决问题的实践信息，还无法展示儿童的点滴进步。家长至少应该了解孩子在州标准所包括的所有关键领域中的进步情况。这是一种很好的方式，不仅可以让家长了解标准，还可以让教师知道如何在教育实践中使用这些标准。教师要提醒大家，在评估儿童的成长和发展时，采用全人教育的方法十分重要。

这里有三种高效的方式可被用于向家长汇报与标准相关的儿童表现。

- 档案记录
- 检核表
- 简要叙述

接下来详细探讨这三种方式。

档案记录

许多教师发现，使用档案袋整理记录能更顺利地对每名儿童所学的知识进行追踪。档案记录可以被保存在文件夹、活页夹或电子文件夹中（每名儿童的单独存放）。这里应当存有关于儿童在幼儿园和学前班期间参与游戏和其他活动的观察笔记。这些笔记可以附带儿童在活动中的照片以及展示儿童能力的作品样本。对幼儿园阶段的儿童来说，档案记录中的照片会比纸笔作品更多。但是，儿童的涂写作品可以提供非常丰富的信息。对学前班的儿童来说，照片也十分有用，它能展示出儿童是如何操作材料进行创作的。而且，随着学前班儿童书写和表征能力的提高，教师可以收集到更多的纸笔作品，因为这时的儿童开始尝试写日志或参与一些有意义的书写任务，并开始表达他们对数学和科学的认识。

持续收集档案记录有很多好处。许多教师以 10~12 周为一个周期进行收集，以便在学年中对观察笔记、照片和儿童的作品样本进行比较。

> 档案袋展示了特定儿童随着时间的推移而积累的努力和取得的成就，提供了有关儿童发展和技能掌握情况的宝贵数据。伴随着儿童的反思，这些数据还提供了许多有关每名儿童如何学习以及对他们而言学习过程中的什么很重要等有价值的信息。
> （McDonald，2011）

使档案记录成为有价值的、有效的评估方式的关键，是将记录与标准联系起来。这可以通过提前计划或事后回顾记录来实现。教师开家长会时，可以向家长展示档案袋中的东西，以说明儿童与标准相关的表现水平。

档案记录是家长会上有力的沟通工具。教师们反馈说，家长们对观看档案记录非常积极。这就像为家长打开了一扇窗，让他们看到孩子在幼儿园或学前班中做了什么，帮助家长明白儿童主导的开放式游戏与早期学习标准或《州共同核心课程标准》之间的联系。家长们通常喜欢看自己孩子的照片及作品样本。教师可以借助档案记录来明确儿童目前与特定标准有关的行为水平，也可以向家长讲解他们正在计划如何帮助儿童在学习中取得进步。教师甚至可以请家长在家中也以类似的方式支持儿童。整个过程会教给家长，如何观察儿童在家庭活动（如吃饭、洗澡、睡前惯例）中的学习。

教师如何将标准与档案记录结合呢？他们如何制订计划以收集档案记录？存档的到底是什么？适宜的存档标准与我们前文建议使用的容易在儿童主导的开放式游戏中达到的标准非常相似。它们针对面更广，更面向实际应用，并涉及儿童如何通过各种方式展示自己的认知或技能发展水平。

> 有些技能很容易被记录在简洁的检核表上，如了解字母和语音。标准中规定的其他领域则可能需要教师写下逸事记录，以详细记录教师所观察到的儿童言行。例如，为了记录与"科学即探究"标准相关的内容，教师需要记录儿童在玩水区和科学/探究区游戏时的观察结果。写下能帮助教师深入理解儿童的相应对话……这些书面内容提供了具体的证据，有助于教师记录儿童的进步。（Jacobs & Crowley，2010，p. 32）

此外，教师希望能容易地比较儿童不同时期的作品。因此，他们必须通过计划来收集足以展示相关标准下儿童进步（或退步）的信息。我们来思考一下可被用于收集观察笔记、照片或儿童作品样本以创建档案记录的标准。对于每一名儿童，我们都要明确教师可以存放什么样的记录、可以观察哪些与标准相关的内容以及如何比较观察结果来确定儿童的进步。

阅读理解

- 教师可以观察和记录儿童在朗读故事时说的话。
- 教师可以通过询问以下问题来聚焦观察。
    » 儿童的讨论是否表明他们理解了故事中发生的内容?
    » 儿童是否对接下来可能发生的事情进行了合理的预测?
    » 儿童是否将故事的内容或角色的行为与自己的生活经历相联系?
    » 儿童会用自己的语言重述故事吗?
    » 教师看到儿童把故事融入角色扮演或建构游戏中了吗?
    » 儿童是否进行了与故事主题相关的绘画、涂色、创作或书写活动?
    » 教师可以通过关注一段时间后儿童能够准确再现和将其融入对话、游戏和基于故事进行的创作的细节数量来发现儿童的进步。

参与前书写活动

- 教师可以在活动室里观察儿童在各种游戏中的书写情况(教师需要在游戏区域投放书写材料),并收集儿童的书写作品(要么收集作品,要么拍摄作品)。
- 教师可以参与儿童有关书写的对话,更多地了解每名儿童对书写概念(如字母结构、间距、标点符号)和字母-发音相对应(当儿童开始根据发音进行拼写时)的理解。
- 教师可以通过比较儿童不同时间的书写作品并发现他们使用的前书写策略的变化和发展来了解儿童的进步。

操作材料以解决数学问题

- 教师可以观察儿童如何解决数学问题(体现儿童对数量、几何、空间关系、非标准测量和比较性语言的理解）。比如：当儿童使用可连接的木质积木进行建构时，当儿童对不同的操作材料进行排序和分类时，当儿童在班级参与全班的游戏活动时（一张桌子周围能放多少把椅子？如何将橡皮泥分给几名儿童？）。

- 教师可以写下自己观察到的儿童所做的事情和所说的话，也可以拍摄儿童的搭建作品、创作成品和对物品的组合。

- 随着时间的推移，教师可以从以下方面发现儿童的进步：数量的增加（在理解的基础上可以数到更大的数），更复杂的搭建结构和作品中显示出的对对称、几何和空间的理解，更频繁地使用测量术语和工具以及运用更复杂的分类策略（包括模式）。

科学探究

- 教师可以观察儿童发起的科学探索活动。比如：在积木区中对稳定性、力和运动的探索，在户外对自然现象和生物的探索，在感官桌或艺术区对水和其他材料的特性的探索。也可以在教师发起的科学探究活动中进行观察，比如种植植物、尝试对水进行冷冻和加热或混合不同的物质（醋和小苏打）。

- 教师可以通过书写来描述自己所观察到的儿童做的事情和说的话（主要关注儿童对科学的理解和探究）。教师可以鼓励儿童写一写或画一画自己的科学探究，然后收集儿童的作品或作品照片。

- 随着时间的推移，教师可以通过注意儿童的好奇程度、探究策略和科学术语的使用来发现儿童的进步。

自我反思

教师收集有关儿童达到学习品质和社会情感发展领域中的相关标准的记录材料的方法之一,是请儿童进行自我反思。

- 教师可以在儿童游戏时与他们交谈,也可以鼓励儿童绘画和书写。以下是被用于引发幼儿园和学前班的儿童进行自我反思的一些问题:
    » 你在幼儿园/学校中最喜欢的是什么?
    » 你最喜欢的游戏区域或活动是什么?
    » 你最擅长的是什么?
    » 你想做得更好吗?
    » 你想了解得更多的是什么?
    » 你还有什么其他的事情想告诉我吗?
- 教师可以鼓励儿童讲述、绘画、书写或展示自己的回答。或者,教师可以替儿童书写,通过录音或录像进行记录,或者给儿童拍照以记录他们的回应。
- 教师可以通过比较儿童不同时间的回答来发现他们的进步。教师也可以鼓励儿童这样做。教师可能会惊讶于儿童对自我反思的分析,描述儿童的这些反应并将其保存在档案袋中。

检核表

档案袋无法提供有关幼儿园和学前班教师要达到的所有标准的记录,档案记录也无法保证可以完全覆盖与所有具体能力相关的基准,但是它们可以被高效地记录在检核表中。因此,教师可以创建与特定领域相关的检核表,或是包含所有儿童姓名和地点的表格,以记录他们观察到的儿童所表现出的特定基准。这种表格只需要留出很小的空间做复选标记或简短的备注。

即使有了检核表，教师也需要观察参与儿童主导的开放式游戏的儿童。教师需要有明确的观察目标，同时将检核表随身携带（放在文件夹或笔记本里），这样就可以快速记录儿童在接触材料和其他儿童时所做的事情。以下是与数学相关的检核表使用策略。

列出一份教师计划帮助儿童习得数学知识、技能和概念的检核表。让儿童在日常活动中使用可实际操作的材料分别展示他们对检核表上项目的理解，例如数出点心所需的杯子数量或测量自己种的豆苗。观察儿童数东西，以评估他们的计数技能。儿童是否有准确计数的策略，例如，将数过的东西移到一边？让儿童运用操作材料和绘画来展示自己解决问题的思维……当儿童在艺术区进行设计或者在数学区对物体进行分类时，教师需要仔细观察，并邀请儿童描述自己的活动过程。（Jacobs & Crowley，2010，p. 87）

许多特定的基准适合用于编制包含多个领域的检核表，举例如下。

- 语言与读写
    » 字母识别
    » 字母与发音对应
    » 倾听并遵循多步指令
    » 音节划分
- 数学
    » 计数时数与物能一一对应
    » 形状识别
- 身体发育
    » 粗大运动技能，如单脚跳、两脚交替跳、双脚跳
    » 精细运动技能，如正确握笔和眼－手协调

一些教师正在使用评估工具，这些工具是被精心设计且与所在州的早期学习标准或《州共同核心课程标准》相关的检核表。在得到所在州和/或地区的认可后，使用这些工具进行评估就再合适不过了。将档案记录和检核表结合起来使用，可以提供关于儿童学习和成长的丰富信息。

简要叙述

简要叙述是一种整合档案记录和检核表中的信息的方法。这能帮助教师和家长从整体上了解儿童的发展、进步、优势和挑战，使他们都能反思儿童迄今为止与标准相关的表现，并计划未来如何支持儿童继续发展并取得成功。当教师只与家长分享检核表中的信息时，这些信息可能会让家长难以承受，觉得过于详细。相比之下，如果教师写出简要叙述并展示儿童档案记录中相应的内容作为结论的支持证据，家长就会得到更为合理的信息，了解更真实的儿童表现。

教师可以设计自己的简要叙述模板或者思考报告的方式，以体现儿童在每个方面中的表现。

- 成长和成就：在这个方面，儿童可以……
- 进步的体现：在这个方面，儿童已经在……领域表现出了进步。
- 下一步计划：在这个方面，教师有以下方法以应对儿童所面临的挑战以及制订下一步行动计划……
- 有些教师还为家长提供了下一步计划的建议：在这个方面，家长可以在家为儿童提供……帮助。

总　　结

简要叙述再次体现了反思和观察的整合。在这些评估实践中，将标准融入游戏和忠于正确的教育方法是显然易见的。标准并非要求对儿童进行标准化测试。相反，教师可以使用真实性评估，以观察和反思为基础，向家长或其他人展示每名儿童能做什么、课程计划的下一步是什么并继续将标准与儿童主导的开放式游戏建立联系。

本书的最后一章探讨了倡导以游戏为基础这一方法的重要性，并提出了许多支持性建议，以保持游戏在幼儿园和学前班教育中的前沿地位。

教师实施建议：游戏中的评估

你现在可以做的是思考自己的反思和评估实践。

- 你如何看待自己成功地整合学习与游戏？
- 关于反思，你做出了哪些调整和改变？
- 你在儿童游戏中如何观察标准？
- 你收集了哪些证据并将其存入档案记录？
- 你发现，哪些标准最适合用检核表来评估？
- 你是如何向家长总结儿童的表现、进步和下一步计划的？
- 你会将本章中的哪些建议付诸实践？

管理者实施建议：游戏中的评估

管理者也可以思考反思和评估实践。

- 必须进行什么样的评估？
- 你会如何评价这些评估的质量？评估的真实性有多高？

[巴格纳托、尼斯沃思和普雷蒂－弗龙察克（Bagnato, Neisworth, & Pretti-Frontczak，2010）演示了涵盖8个维度（问责制、真实性、协作、证据、多因素、敏感性、普遍性和效用）的81项评估。]

- 你和教师们是否清楚每次评估的目的：筛查、特定服务资格（特殊教育、英语语言学习者）、课程规划、进度监测、课程结果评估和问责制？所有评估目的的透明是至关重要的。
- 你能通过什么方式帮助教师们采用真实性评估程序，以更好地捕捉儿童游戏时所展现的真实能力？
- 在观察和反思方面，你能为教师们提供哪些合作的机会？
- 教师们需要哪些额外的培训才能最大限度地使用真实性评估？

第十四章
拯救游戏于幼儿园和学前班中
——进行有效倡导的策略

争议性问题：游戏能被拯救吗？

托马斯·伦登：管理者的角度

　　我们如果要拯救游戏，就需要成立一个包括管理者和教师在内的志同道合的个体组成的联盟。然而，一些管理者被直言不讳的工作人员吓到就退却了。但鼓励教师和家长畅所欲言、为公开坦诚的交流提供安全空间、让人们从被动接受转向深思熟虑后的主动行动、将高昂的情绪转化为战略计划以做出人们期待的改变，这才是有效领导的体现。教师群体，尤其是那些最不可能发声的教师群体，需要得到支持和鼓励才有可能积极响应。他们会感谢领导的倾听及指导，从而以最佳方式促进园所、地区、州或国家的改革。倡导应该始终以培养人并授权他们成为领导者为出发点和落脚点。

盖伊·格朗兰德：教师的角度

　　幼儿园和学前班的教师有时觉得自己的教育意见无人响应。他们觉得自己在提醒疯狂的人们，年幼的儿童需要不同于大儿童的教育方法。有时，教育改革的力量和更高的期望会横扫而下，几乎不考虑学前教育机构的推荐做法。教师可能会陷入两难境地，既想保护儿童，继续做他们认为对儿童最好的事，又必须满足教育部门、学校董事会和管理者的要求。因此，我们希望本书能给教师和管理者提供一些信息和策略，以支持他们继续为幼儿园和学前班的儿童做正确的事情。同时，我们也希望教师和管理者能够联合起来，成为拯救游戏的倡导者，并时刻准备向他人解释拯救游戏如此重要的原因。

倡导的重要性

教师和管理者必须成为强有力的高效倡导者。他们需要顶住试图诋毁游戏或将游戏边缘化的压力，需要继续努力推进包含游戏的适宜性实践，并提出明确、可信的理由，向大家解释为什么游戏是一种有效的课程方法。本书恰好进行了有力的证明。因此，我们想阐述教师和管理者保护并促进游戏的责任。

如果要使游戏继续成为幼儿园和学前班中的重要组成部分，那么仅仅推进有效的实践是不够的。我们的教育系统中存在着更大的压力，不利于前文所讨论的游戏和标准之间的联系。因此，本章提出了一些拯救游戏的方法。

首先，我们讨论了我们所认为的教师和管理者的责任，即代表儿童及其游戏能力进行倡导。我们分享了教师和管理者在进行必要改革时发挥积极作用的好处，并提出了成为高效倡导者和改革推动者所需要的技能建议。

其次，我们确定了教师和管理者所面临的某些压力，这些压力的存在破坏了游戏与标准的联系，同时让儿童失去了每天的游戏机会。我们对这种压力的内在动力进行讨论，并就如何解释"即使压力存在，游戏仍然有意义"这一观点提出了明确的建议。

再次，我们探讨了一些可能影响学前教育中游戏的政策举措，并讨论了如何将游戏融入这些举措中。

最后，就像制定其他法律法规一样，我们考察了在制定这些政策时，普通人可以起到的作用。优秀的倡导者知道政策是如何制定和确立的，因此他们可以有效地制定政策，从而重视和维护游戏在教育体系中的作用。

"倡导"是什么

《韦氏词典》（*Merriam-Webster*）将"倡导者"定义为公开支持或建议特定事业或政策的人。这里的关键词是"公开"。倡导不是一个私人的行为，而是一个将私人关注的问题转移到公共领域的行为。鲁滨逊和斯塔克（Robinson & Stark，2002）讨论了三种倡导：个人倡导、公共政策倡导和私营部门倡导。让我们来看看每种倡导的定义。

- 个人倡导通常针对其他个人或团体，对需要关注的主题中的特定观点进行解释。
- 公共政策倡导涉及可能成为部分法律法规的政策。这意味着，个人及他人都会介入政策制定的过程中。在组织机构、市、州或国家一级的政府机构中，政策通常会导致法律法规的建立。因为制定该政策的机构都是公共的，所以它被称为"公共政策"。
- 与公共政策倡导相比，私营部门倡导中的人们感兴趣的是改变或应对私营机构的政策。

重要的是，要明白改革什么，改革从哪里开始，这样才能收获最好的效果。让我们思考一个假设的例子。

一位园长要求教师关闭游戏区。教师对此十分担忧，于是与家长或同事谈论园长的这一要求。那么，这就是个人倡导，只需要私人谈话就可以形成，也许会引发其他教师或家长与园长谈话，进而逆转园长的决定。但是，假设园长在董事会的支持下提出关闭游戏区这一规定，那么下一步可能是公共政策倡导或私营部门倡导，公共的还是私营的取决于该机构的性质。这一规定可以在机构层面（幼儿园董事会）或州层面（教育法律法规的一部分）实施，甚至可以在联邦一级实施。这些都需要公共政策倡导的回应，因为改革的是一项政策要求。

倡导是教师和管理者的责任，因为我们相信，保证儿童有游戏可玩才是正确的。根据全美幼教协会的《道德准则》（Code of Ethics），幼儿教育专业人士要这样做：

> 承担责任以尽可能为儿童提供最好的保教课程，并以诚实、正直的态度行事……在学前教育机构及更广泛的集体中共同承担义务，倡导维护儿童的最大利益，并为世界各地的儿童发声。（NAEYC，2005a，p.6）

该准则还提出，幼儿教育专业人士要"支持每名儿童都能在满足残疾和非残疾儿童的需求的包容性环境中进行游戏和学习的权利"（p.2）。倡导是幼儿教育专业人士的责任，也是正确的做法。

为什么要倡导

虽然倡导游戏是一种道德责任，但它也是一种能带来回报和利益的活动。倡导的好处如下。

- 理清思路，增强学习动力。
- 建立支持者共同体。
- 提高沟通和组织能力。

理清思路，增强学习动力

清楚地阐明游戏为什么重要，游戏如何造福于儿童，如何才能让游戏甚至必须让游戏成为儿童学习经验的一部分，这就要求我们增加对游戏和学习的科学认识。当我们必须解释清楚为什么某些实践有意义时,就会改进这些实践以使其在各种情况下都更清晰、更有效。因此,倡导会让我们更明智地对待我们所促进的内容。

通常情况下,我们为游戏发声(如果我们做得足够多),反对的声音就会出现。人们会反驳、会批判我们或我们的提议。虽然听到反对我们所坚信的东西的意见令人不快,但这也是加强自己的思考、使逻辑更清晰、使主张更明确的必要信息。分歧还教会我们如何进行更具启发性的对话,而非争论。这样的学习对于人们成为优秀的倡导者十分重要,不过它只能通过积极的倡导来实现。

建立支持者共同体

并不是每个听到我们发声的人都会持反对意见。许多人会鼓掌并支持我们的言论。聪明的倡导者会与志同道合的人结盟。倡导帮助我们建立更广泛的关系网,以进一步支持我们的工作。关系网越广,参与的人越多,我们就越有能力做出期望的改变。

提高沟通和组织能力

在公开发声并创建支持者关系网时,我们就是在锻炼沟通和组织能力。作为终身学习者,我们可以随时接受学习更多知识和获取更丰富信息的挑战。每个人都能够而且应该成为更优秀的沟通者。找到属于自己的声音并与他人分享,是宣示身份并将其呈现给周围世界的最有力方式。通过这样做,我们变得更加真实(Covey,2004)。倡导带来了许多这样的机会。我们在练习成为熟练的沟通者时,也在学习如何做到以下几点。

- 确定观众。
- 编写简洁且有说服力的信息。
- 有效利用各种沟通渠道(公开演讲、社交媒体、一对一会谈、时事通讯、邮件）。
- 形成具有连贯性、合理性且可理解的论点。
- 通过图像、故事讲述或艺术的方式使信息戏剧化和形象化。

与沟通能力相辅相成的是组织能力。组织能力是一种后天习得的技能。这是一系列的实践工作，帮助我们明白如何形成团结的联盟以推动改革，而不是任由倡导变成无人响应的号召。组织技能包括以下内容。

- 动员具有共同的问题、价值观和目标的利益相关者。
- 创建具有良好的内部沟通机制的透明组织。
- 区分议题和问题，以便合理框定（每位成员都要明白哪些问题事关重大，需要做出改变）。
- 确定权力结构和杠杆支点。
- 制定联合行动的策略和方法（简单的策略更优）。
- 开始以长远目标为着眼点，并从错误中吸取教训。

对于有关如何成为优秀的倡导者和变革推动者的案例，我们的建议是阅读《学习作为一种领导方式：争取社会公平的经验教训》（*Learning as a Way of Leading: Lessons from the Struggle for Social Justice*，Preskill and Brookfield，2009）一书。

应对游戏所面临的挑战

许多教师和管理者在尝试将游戏作为幼儿园和学前班教育的核心时都面临着挑战。下表列举了各种挑战，并引用了教育者用来描述儿童主导的开放式游戏如何支持儿童学习的关键信息。

游戏所面临的挑战	解释和描述游戏如何支持学习的关键信息
有观念认为"游戏只是单纯地玩",而不是真正的学习。	• 游戏是人类学习的一种自然方式,包括调查研究、解决问题、创新及团队合作,所有这些都是重要的生活技能。 • 教师精心制订游戏计划。 • 目标是让儿童进行高水平的游戏(而非混乱无序或低水平的游戏)。 • 教师参与儿童的游戏,对儿童进行观察,与儿童互动,以支持和促进儿童的学习。
上学时没有多余的时间游戏。	• 如果游戏是学习的关键策略,那么学校怎么可能不提供学习时间呢?如果学校允许有学习时间,那么为什么不能将这些时间用于以游戏为基础的学习呢?
游戏需要非常多的计划,但教师没有那么多时间用于制订计划。	• 做计划确实需要花费很多时间。但是从一开始就认真投入并全盘计划,意味着今后需要的时间更少。
我们的教师没有深厚的学前教育功底支撑。	• 许多教师都有一个重要的特点——对儿童个体的回应,这也是所有教师都应该具备的能力。 • 许多教师更注重材料、课程、标准、校园文化和外部期望。 • 为教师提供的专业发展机会,要将以儿童为中心的回应性实践作为重点。也就是说,如果教师不具备教育儿童的技能,那就从现在开始教他们。
游戏是学前教育的一部分,但不是真正的学业学习发生的地方。	• 学前教育不仅仅是高年级教育的稀释课程,而是为儿童未来所有的学习奠定基础。 • 儿童正在大量汲取知识,发展各种技能,他们的思维是深邃且复杂的。而阻碍我们发现儿童复杂性的障碍,在于他们还未成熟的沟通技能。儿童游戏时也确实存在真正的学业学习。

干扰游戏的政策

许多教育系统已经实施了各种有可能干扰游戏的政策或路线。我们认为，教师和管理者不必执行违背儿童利益的政策。相反，我们认为有办法应对政策举措或在政策举措范围内开展工作，仍然为幼儿园和学前班儿童提供丰富的儿童主导的开放式游戏活动。在附录中，我们将介绍部分政策，并通过解决以下问题来提供一些应对方法。

- 地区规定的，教师可以照本宣科的课程
- 研究型教学实践
- 多层次支持系统（Multi-tiered Systems of Support，MTSS）或干预—应答法（Response to Intervention，RTI）
- 质量评定和改进系统（Quality Rating and Improvement Systems，QRIS）
- 劳动力改革（如教师资格认证要求）
- 园所质量评估标准

政策杠杆

引起广泛的社会改革的秘密是关注政策。政策是一种由内而外改变组织、系统和社会的杠杆。据说古希腊数学家阿基米德曾说过："给我一根足够长的杠杆……我一个人就可以撬动整个地球。"政策同样是真正改革的核心，它们如果"足够长"，就可以带来永久性的改变。

我们呼吁，将倡导的重点放在政策上。但公共政策的范围甚广，从哪里开始呢？我们推荐三个领域：早期学习标准、教师专业标准和园所质量评估标准。倡导的议程应是着力改变以上标准，以使游戏在儿童的早期学习中更核心、更重要、更必要。

政策可以在许多层面上发挥作用，如园所、区、市、县、州和国家。每个层面上都存在着管理园所应该如何运作的政策。专业人士应该首先关注园所层面，寻找在学区或园所中可以采用或全盘实施标准的机会。可以做些什么来确保全美幼教协会的认证标准及其对游戏的重视成为园所的质量标准呢？当美国波士顿公立学校实现了认证包括学前班在内的所有学前教育班级这一宏伟目标时，其结果激动人心（Sachs & Weiland，2010）。

早期学习标准或教师专业标准最好在州一级的政策中得以确立。但在制定这些政策的过程中，政府机构通常会寻求专业人士加入委员会一起参与起草政策。所以，要确保自己出现在那些邮寄名单和志愿者名单上。参与编写政策，是收获自己喜欢政策的最好方法。

如今，越来越多的学前教育活动受到联邦政策的影响。联邦政策的倡导从字母书写运动开始，并联系你所在州的国会议员（两位参议员和一位众议员）。杰出的倡导者应该与立法者保持沟通，让立法者了解目前的政策是如何影响选民的，以及应该怎样改变政策。不管你相信与否，我们的国会议员确实很关心联邦政策是如何影响我们的生活的。如果可以，就去华盛顿特区旅行一次，以跟进最新信息。全美幼教协会每年都会赞助一个倡导论坛。与你所在州的下属机构合作，看看是否能参加。同时，注意国会议员回到自己家乡后的立法空档，邀请他们参观你所在的园所，向他们展示游戏是如何造福于儿童的、你是如何把游戏和标准联系起来的，以及你是如何提高儿童的学习水平的。

在州和联邦一级，教师和管理者可以加入诸如全美幼教协会或美国特殊儿童委员会早期教育分会之类的专业组织。这些组织有着团结和统一的信念，以促进代表游戏的更强有力的政策。此外，还有一些其他专门致力于推广游戏的组织，举例如下。

- 国际游戏协会（The International Play Association）
- 全美幼教协会游戏、政策和实践兴趣论坛（NAEYC Play,

Policy, and Practice Interest Forum）
- 终极积木派对：游戏的艺术与科学（The Ultimate Block Party: The Arts and Sciences of Play）
- 儿童联盟（The Alliance for Childhood）
- 为幼儿辩护（Defending the Early Years）

总　　结

美国人类学家玛格丽特·米德（Margaret Meade）曾说："永远不要怀疑，一小群有想法、有决心的公民能改变世界。事实上，这是唯一一件曾经发生过的事情。"（Lutkehaus，2008，p. 261）。如果你是一个有想法、有决心的公民，你就可以改变世界。你可以让儿童游戏的权利得到保证、加强，让游戏的地位提升到它在幼儿园和学前班中应有的高度。你的倡导工作必须从以下三个明确的承诺开始。

- 坚信并深刻地认识到这样做是正确的。
- 理解游戏的重要性、为什么重要以及游戏和学习有何联系。
- 愿意发声和做更多的研究，以更好地了解在哪里以及如何做出最大的改变。

我们希望本书提供的资源能鼓励你加入我们，努力拯救幼儿园和学前班中的游戏。我们知道，游戏所面临的挑战是巨大的，但我们绝对相信，作为儿童的倡导者，我们有义务努力应对这些挑战。像你这样的幼儿教育者可以通过倡导适宜儿童的教育来发挥作用，正确的做法就是提供鼓励儿童主导的开放式游戏的学习环境。

附 录

可能干扰游戏的政策

政策	是什么	有关整合政策与游戏的建议
地区规定的，教师可以照本宣科的课程	课程包括涉及教师应该说什么和做什么的书面讲稿。一些园所要求教师一字不差地遵循讲稿。这种对教师如何教学的严格控制，会干扰儿童主导的开放式游戏。	• 照本宣科的课程不允许教师对儿童的游戏进行真正的回应。 • 教师需要做好准备，抓住儿童游戏中的教学契机，不要拘泥于既定的回应。 • 教师应该仔细研究照本宣科的课程，以理解其中推荐的措辞。不一定要一字不差地遵循它，但可以把它当作资源，以便在游戏时与儿童互动。 • 必要时可以适当调整，以满足每名儿童的需求。
研究型教学实践	被认为是研究型的教学实践有时是园所所需要的，可能包括以下内容。 • 教学方案 • 用于介绍技能、概念和信息的特定顺序 • 要求分配时间于不同的主题和技能发展上	• 必须重新审视对儿童游戏的研究支持，并与决策者沟通，以便所有人都清楚，许多研究都表明游戏对儿童是有益的。 • 应该仔细审查研究的长期收益与短期收益。一些短期收益是明确的和可衡量的，但它们会逐渐消失或仅给人留下粗浅的印象。 • 应仔细审查研究是否解决了技能的通用问题。换言之，儿童是否能在不同的环境中运用这项技能，而非仅在测试环境中如此？这意味着更深入、更持久的学习。 • 如果教学方案存在发展和练习技能的机会，那么看看是否有方法让儿童通过游戏来练习技能。如果没有，那就添加游戏。

（续表）

政策	是什么	有关整合政策与游戏的建议
多层次支持系统或干预–应答法	多层次支持系统或干预–应答法是利用不同程度的支持为儿童提供高质量教学的策略，以便那些需要额外支持的儿童通过更密集和个性化的教学来获得支持，从而实现让所有儿童都能学习的目标（DEC, NAEYC, & NHSA①, 2013）。	• 在多层次支持系统或干预–应答法的相关文件中，没有明确规定禁止使用游戏。实际上，美国特殊儿童委员会早期教育分会、全美幼教协会和美国开端计划联合会（2013）的立场声明中写道："无论儿童处于哪一层次，所有的教学和保育工作都应该依据儿童的优势、兴趣和喜好，以适合儿童发展的方式进行计划和实施。此外，教师团队通过在有趣的活动、游戏和常规活动中投放各种材料和玩具，创设有趣的、引人入胜的学习环境，促进不同层次儿童的学习与发展。"（p.7） • 这一声明就是在鼓励教师为儿童提供更多的游戏机会。教师越多地把游戏和标准联系起来，其教学就会越来越"高质量"。 • 在实践中，有时干预–应答法的实施是"错误的"，只是让更高层次的干预（儿童未按常规教学的预期进行学习时所采取的措施）声音更大、时间更长（VanDerHeyden et al., 2016）。我们建议，第2级或第3级的干预可以纳入游戏，将其作为一种替代方法来教那些在常规教学中没有取得成功的儿童。

---

① 英文全称为 National Head Start Association，即美国开端计划联合会。——译者注

（续表）

政策	是什么	有关整合政策与游戏的建议
质量评定和改进系统	质量评定和改进系统是一种"系统性地评估、改进以及沟通学龄前儿童和学龄儿童所接受的保教质量水平的方法"（ACF[①]，2013，p.1）。	• 因为大多数的质量评定和改进系统都是依据园所质量评估标准，所以请先了解你所在州的质量评定和改进系统是否考虑到了游戏。如果没有，这就可能是一种倡导的途径和机会。 • 查阅园所质量评估标准，它是你所在州的质量评定和改进系统的基础，并检索是否包含与游戏相关的内容。许多州使用的是《环境评价量表》（Environmental Rating Scale, Clifford, Harms, & Cryer, 2015）。《托幼机构环境评价量表》（Early Childhood Environmental Rating Scale）确实囊括了对游戏区域的评估，如积木区、沙水区、艺术区和戏剧游戏区。它还能评估儿童在自主游戏期间的交流和参与情况。另请参见下面关于园所质量评估标准的讨论。 • 鉴于游戏的重要性和有效性，应该将游戏作为质量的标志。 • 一个关键的挑战在于，如何衡量园所是否坚持采用以游戏为导向的方法。 • 如果你所在的州的质量评定和改进系统强调的是减少游戏的质量提高工作，那么请考虑如何重新定义这些工作，使它们得以涵盖甚至促进游戏。

[①] 英文全称为 Administration for Children and Families，即美国儿童和家庭服务署。——译者注

（续表）

政策	是什么	有关整合政策与游戏的建议
劳动力改革	美国各地正在着力提高有关教师的教育要求和资格能力（IOM[①] & NRC，2015）。	• 教师队伍是一切教育的基础。如果想持久地改变将游戏排除在教育之外的趋势，改变教师队伍就是起点。 • 如何确保每位幼儿教育工作者都能够有效地将游戏和标准联系起来？首先，从教师资格证开始。倡导者可能会调查各州对持证教师的要求，看看要求中是否有关于游戏以及对教师能力的期望的内容。 • 其次，询问关于教师培养计划的认证过程。这一过程如何让州确信，参加该培养计划的教师是否为开展包含游戏的学前教育课程做好了充分的准备？在必修课程的教学大纲中，游戏作为解决课程与教学相关问题的教学方法出现在哪里？ • 最后，询问教育工作者是否会用游戏作为一种有效的学习策略，从而确保教师接触本书中所讨论的方法。

---

① 英文全称为 Institute of Medicine，即美国医学研究所。——译者注

（续表）

政策	是什么	有关整合政策与游戏的建议
园所质量评估标准	园所质量评估标准是指园所为了达到某种水平的质量目标而必须做的事情。幼儿园或托育中心最常见的质量评估标准是全美幼教协会的认证标准（NAEYC，2005b）和《开端计划执行标准》（Head Start Program Performance Standards）。除此之外，各州对其园所也有要求。美国国家学前教育研究所（The National Institute for Early Education Research）出版了一本关于各州公立学前教育状况的年鉴。他们根据十项标准给每个州评级，并提供一种方法来评估本州标准的质量和严谨性。	全美幼教协会的认证标准和《开端计划执行标准》都提到了游戏，并提出让游戏成为儿童活动的一部分。 全美幼教协会的标准涵盖了许多具体的建议，反映了本书所鼓励的实践。《开端计划执行标准》尽管没有像全美幼教协会的标准那样具体，但它认可和鼓励将游戏视作儿童日常活动的一个重要部分。倡导者会发现，查阅特别提到游戏并支持全美幼教协会认证标准和《开端计划执行标准》（以及其他启蒙项目资源）的列表是很有帮助的。 • 1.C.02 和 CFR 45 1302.31（b）（1）（i）HSELOF[①]，目标 P-SE 3，p. 30。 • 2.A.11 和 CFR 45 1302.31（c）2.A.12, 1302.31（a）（1）（ii）；也见 HSELOF，p.2。 • 2.L.04 和 HSELOF，目标 P-ATL 10, p. 20；目标 P-SE 4，p. 30。 • 3.D.10 和 CFR 45 1302.31（c）&（d）。 • 3.F.02 和 CFR 45 1302.31（c）。 • 4.D.08 和 CFR 45 1302.33（b）。也见 HSELOF 目标评估：P-ATL 6（p. 18）；P-ATL 10（p. 20）；P-ATL 13（p. 21）；P-SE 4（p. 30）；P-LC 6（p. 44）；& P-PMP 1（p. 72）。 • 5.A.06 和 CFR 45 1302.21（d）（2）& 1302.31（c），（d）&（e）（4）。 • 9.A.04 和 CFR 45 1302.21（d），1302.31（d），1302.47（b）（2），& 1302.31（e）（4）。 • 9.A.08 和 CFR 45 1303.31（c）（2）& 1303.31（d）。 • 9.A.12 和 CFR 45 1302.21（d）& 1302.31（d）。 • 9.B.01 和 1302.31（e）（4）。

---

① 英文全称为 Head Start Early Learning Outcomes Framework，即美国《开端计划早期学习结果框架》。——译者注

参考文献

ACF (Administration for Children and Families). 2013. *QRIS Definition and Web Sites*.

Adams, Gary, and S. Engelmann. 1996. *Research on Direct Instruction: 20 Years beyond DISTAR*. Seattle: Educational Achievement Systems.

AECF(Annie E. Casey Foundation). 2010. *EarlyWarning! Why Reading at the End of Grade 3 Matters*.

Baenninger, M., and N. Newcombe. 1995. "Environmental Input to the Development of Sex-Related Di erences in Spatial and Mathematical Ability." *Learning and Individual Differences* 7 (4): 363–79.

Bagnato, S. J., J. T. Neisworth, and K. Pretti-Frontczak. 2010. *LINKing Authentic Assessment and Early Childhood Intervention: Best Measures for Best Practices*. Baltimore: Brookes.

Baroody, A. J., M. Lai, and K. S. Mix. 2006. "The Development of Young Children's Early Number and Operation Sense and Its Implications for Early Childhood Education." In *Handbook of Research on the Education of Young Children*, 2nd ed., edited by B. Spodek and O. N. Saracho, 187–221. Mahwah, NJ: Lawrence Erlbaum.

Bergen, D., and D. Mauer. 2000. "Symbolic Play, Phonological Awareness, and Literacy Skills at Three Age Levels." In *Play and Literacy in Early Childhood: Research from Multiple Perspectives*, edited by K. A. Roskos and J. F. Christie, 45–62. Mahwah, NJ: Lawrence Erlbaum.

Berke, K., C. Heroman, P. O. Tabors, T. Bickart, and D. C. Burts. 2011. *Teaching Strategies GOLD*. Bethesda, MD: Teaching Strategies.

Bodrova, E., and D. Leong. 2003. "The Importance of Being Playful." *Educational Leadership* 60 (7): 50–53.

Bornfreund, L., S. Cook, A. Lieberman, and A. Loewenberg. 2015. *From Crawling to Walking: Ranking States on Birth–3rd Grade Policies That Support Strong Readers*. Washington, DC: New America Foundation.

Brown, Stuart. 2009. *Play: How It Shapes the Brain, Opens the Imagination, and Invigorates the Soul*. New York: Penguin.

Brown, W. H., K. A. Pfei er, K. L. McIver, M. Dowda, C. L. Addy, and R. R. Pate. 2009. "Social and Environmental Factors Associated with Preschoolers' Non-Sedentary Physical Activity." *Child Development* 80 (1): 45–58.

---

* 为了环保，也为了节省您的购书开支，本书参考文献不在此一一列出。如果您需要完整的参考文献，请通过电子邮箱 1012305542@qq.com 联系下载，或者登录 www.wqedu.com 下载。您在下载中若遇到问题，可拨打 010-65181109 咨询。